Texte, Themen und Strukturen

Arbeitsheft

Literarische Texte und Medien: Von der Analyse zur Interpretation

Herausgegeben von Bernd Schurf und Andrea Wagener

Erarbeitet von
Gerd Brenner,
Heinz Gierlich,
Christoph Hellenbroich
und Philipp Schmolke

Cornelsen

Inhaltsverzeichnis

1 Vorkurs: Interpretieren

Das vorliegende Arbeitsheft vermittelt Schritt für Schritt Techniken, mit deren Hilfe die Funktionsweisen eines literarischen Textes und die in ihm enthaltenen Inhalte und Strukturen herausgearbeitet und nachvollziehbar beschrieben und interpretiert werden können.
Literarische Texte können Sie in den fünf grundlegenden Arbeitsschritten interpretieren, die Sie in der vorderen Umschlagklappe finden. Um diese einzuüben, bietet das Arbeitsheft geeignete Texte oder Textauszüge an, bei deren Interpretation unterschiedliche Schwerpunkte gesetzt werden.
Das hier vorgestellte Interpretationsverfahren ist aspektorientiert, das heißt, die Deutung richtet sich auf inhaltlich-systematische Gesichtspunkte aus.

1.1 Basistraining: Ein Modell des Lesens und Verstehens

Um einen Text zu verstehen, kann man ihn aus unterschiedlichen Blickwinkeln betrachten. Für Ihre Analyse sollten Sie vier Aspekte bedenken, die in Wechselwirkung zueinander stehen. Der gewählte Aspekt bestimmt das Interpretationsverfahren.

Info

Interpretationsverfahren

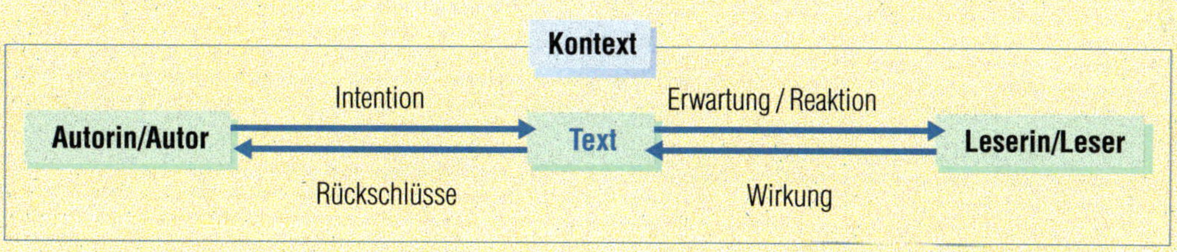

Aspekt	Fragestellungen	Verfahren	
Text	Was genau steht im Text? Was nicht? Wie ist er aufgebaut? Welche sprachlichen Mittel werden verwendet? Wie tragen diese zur Aussage des Textes bei?	**werkimmanentes** oder **textimmanentes** Verfahren	
Kontext	Vor welchem geschichtlichen und gesellschaftlichen Hintergrund wurde der Text geschrieben? Ist dieser für heutige Leser ein anderer?	Je nach Ausrichtung: **literatursoziologisches** oder **literaturhistorisches** Verfahren	werkübergreifende Verfahren
Autor/-in	Welche Absichten (Intentionen) verfolgte der Autor oder die Autorin wohl mit dem Verfassen und Veröffentlichen des Textes? Achtung: Hier gerät man leicht ins Spekulieren, denn selbst bei noch lebenden Autoren ist die Intention eines Textes selten eindeutig zu erschließen. Vielleicht wurde der Autor ja durch ihm unbewusste Aspekte seiner Biografie oder durch versteckte psychische Mechanismen beeinflusst?	**biografisches** (enger gefasst: psychoanalytisches) Verfahren	
Leser/-in	Was sind Ihre eigenen Reaktionen (Gedanken, Gefühle) beim genauen Lesen des Textes? Welche Erwartungen wecken die Gattung und die Form des Textes? Werden diese im Verlauf der Lektüre bestätigt oder unterlaufen?	**leserbezogenes** oder **rezeptionsästhetisches** Verfahren	

Die vier Aspekte müssen immer in Abhängigkeit voneinander gesehen werden: Im Unterricht und in Klausuren steht das werkimmanente Verfahren im Vordergrund. Ihre Interpretation sollte sich also – soweit nichts anderes gefordert ist – auf den vorliegenden Text, auf dessen konkrete inhaltliche und formale Eigenschaften beziehen. Meist ist in Klausuren ein weiterführender Schreibauftrag gegeben, auch dazu finden Sie im Heft Arbeitshilfen und Übungsanregungen.

1.2 Grundlagen der Methodik des Interpretierens am Beispiel der Parabel

Am Modell der Textsorte „Parabel“ können Sie die bewusste Annäherung an einen Text einüben und die zentralen Elemente einer werkimmanenten Interpretation kennen lernen.

Info

Die **Parabel** (griech.: „Gleichnis“) ist eine lehrhafte Erzählung, die eine allgemeine Erkenntnis oder Verhaltensregel an einer beispielhaften Handlung bildhaft verdeutlicht. Der Leser oder die Leserin muss dabei durch Übertragung (durch einen so genannten **Analogieschluss**) die metaphorische Handlung der Parabel (**Bildebene**) auf die reale Welt (**Sachebene**) übertragen. Dies geschieht in der Deutung (**Interpretation**).

Bertolt Brecht

Wenn Herr K. einen Menschen liebte

„Was tun Sie“, wurde Herr K. gefragt, „wenn Sie einen Menschen lieben?“ „Ich mache einen Entwurf von ihm“, sagte Herr K., „und sorge, daß er ihm ähnlich wird.“ „Wer? Der Entwurf?“ „Nein“, sagte Herr K., „der Mensch.“ [R]

Erstes Textverständnis

Ein „schwieriger“ (hermetischer) Text provoziert Vermutungen über einen tiefer liegenden Sinn. Für eine systematische Interpretation ist es jedoch unerlässlich, den **Prozess der Textrezeption** (des Lesens, des Nachdenkens, des Wieder-Lesens) bewusst zu verlangsamen. Dabei ist es wichtig,

- dass Sie auf Ihre eigenen spontanen Reaktionen achten (statt sie vielleicht sofort als unsystematisch oder unwesentlich beiseitezuschieben),
- dass Sie zunächst nach Fragen suchen, die der Text stellt, statt nach Antworten, die er gibt,
- dass Sie Ihre erste Vermutung darüber, was der Text aussagen will (Interpretationshypothese), als eine vorläufige betrachten, die es später immer wieder zu überprüfen gilt.

1 **a** Notieren Sie in Stichworten Ihre ersten emotionalen (gefühlsmäßigen) Reaktionen.

____

____

b Formulieren Sie drei Fragen, die der Text nach der ersten Lektüre aufwirft.

1. ______________________________

2. ______________________________

3. ______________________________

c Was könnte die Aussage des Textes sein? Formulieren Sie in einem Satz Ihre Interpretationshypothese.

____

____

Aspekte der Analyse

Oft hört man, die Interpretation eines Werkes sei reine Meinungssache, sie sei subjektiv und letztlich nicht verifizierbar (überprüfbar). Aber: Meinungen werden dort nachvollziehbar, wo sie durch Argumente und Beispiele gestützt werden. Genauso ist es bei der Interpretation: Ihr Wert beruht nicht darauf, ob sie „wahr" oder „falsch" ist, sondern ob sie für andere nachvollziehbar ist. Um dies zu erreichen, müssen Sie zunächst sichergehen, dass Sie den Text inhaltlich richtig verstanden haben. Eine sorgfältige Analyse wird Ihnen dabei helfen.
Der Einstieg in die Analyse einzelner Aspekte erfolgt über die **Inhaltsangabe**.

2 Fassen Sie den Inhalt der Parabel möglichst genau in ein bis zwei Sätzen und in eigenen Worten zusammen.

____

____

____

____

Tipp

Bei der **Formulierung präziser Inhaltsangaben** helfen geeignete sprachliche Verknüpfungen, z. B.:

- wohingegen
- außerdem
- wodurch
- indem
- wenngleich
- anders als
- gleichwohl
- im Gegensatz dazu
- wozu
- zu diesem Zweck
- während
- wiewohl
- genauso
- ähnlich

Ziel Ihrer Analyse (Untersuchung) ist es, inhaltliche und formale Merkmale des Textes zu beschreiben und zu deuten. Die Beschreibung eines Merkmals ist jedoch nur sinnvoll, wenn Sie es auch in seiner Wirkung deuten. Konzentrieren Sie sich bei der Analyse der Parabel auf zwei der zentralen Aspekte, die in jedem literarischen Text von Bedeutung sind:

- den **gedanklichen Aufbau**/die **Struktur** des Textes,
- die verwendeten **sprachlichen Mittel**.

3 a Erarbeiten Sie die Struktur des Textes: Unterteilen Sie die Parabel in Sinnabschnitte, geben Sie diesen Überschriften und skizzieren Sie jeweils eine mögliche Deutung.

Sinnabschnitt	Textbeleg	Überschrift	Mögliche Deutung
1	„Was tun Sie, [...] lieben?"	Einleitende Frage: Was ist Liebe?	Thema: Liebe; philosophischer Ansatz; offene Frage macht neugierig
2	„Ich mache [...] von ihm"	Rätselhafte Antwort	
3			
4			

b Beschreiben Sie in Ihrer Kursmappe die Struktur des Textes unter Berücksichtigung folgender Leitfragen:

- Wie bauen die einzelnen Teile aufeinander auf?
- Wo liegt der Höhepunkt der Parabel?
- Wodurch entsteht ihre Bedeutung?

Der kurze Text der Parabel mag Ihnen zunächst sprachlich unauffällig erscheinen. Beachten Sie, dass genau diese sprachliche Gestaltung eine bewusste Entscheidung des Autors ist, der eine bestimmte Wirkung beabsichtigt. Um die gewählten Mittel herauszuarbeiten und einzuordnen, ist es hilfreich zu überlegen, wie der Text (bei gleichem Inhalt) sprachlich anders hätte gestaltet werden können.

4 Untersuchen Sie den Text auf sprachliche Besonderheiten. Beachten Sie die vorgegebenen Aspekte.

Aspekt	Besonderheit	Deutung
Syntax (Satzarten, Satzbau)	Frage- / Antwortsätze	belehrender Charakter des Textes (typisch für die Gattung Parabel)
	eingeschobene Redebegleitsätze („sagte Herr K.“)	
Wortwahl	Einsatz von Personalpronomen („er“, „ihm“)	
	das ungewöhnliche Verb „sorge“	
Stil		

Zusammenführende Deutung/Analyse

Info

Im **Einleitungssatz** Ihrer Interpretation nennen Sie den Titel, den Autor, die Gattung und möglichst genau das Thema des Textes:

- Das Thema ist nicht der Inhalt, sondern das in ihm behandelte Problem oder die zentrale Frage, die er aufwirft.
- Es ist meist sinnvoll, das Thema eines Textes erst am Ende der Interpretation endgültig zu bestimmen, um vorschnelle Schlüsse und Missverständnisse zu vermeiden.

In einem **Schlusssatz** fassen Sie Ihre Ergebnisse kurz zusammen.

5 Überprüfen Sie Ihre Interpretationshypothese (▶ S. 4, Aufgabe 1 c). Beenden Sie den folgenden Einleitungssatz.

Die Parabel „Wenn Herr K. einen Menschen liebte“ von Bertolt Brecht handelt von (behandelt)

6 Formulieren Sie in Ihrer Kursmappe eine knappe Interpretation der Parabel auf der Basis Ihrer Ergebnisse. Achten Sie auf die Abfolge der Teile: Einleitungssatz (mit Thema) → Inhaltsangabe → Analyse → Schlusssatz.

1.3 Komplexere Texte interpretieren

Franz Kafka (1883-1924)

Am Beispiel einer längeren und komplexeren Parabel lernen Sie in diesem Abschnitt neben der werkimmanenten Interpretation das biografische Verfahren kennen.
Häufig gibt der **Titel** eines Textes bereits wertvolle Hinweise zum Gesamtverständnis. Bei Ihrer Interpretation sollten Sie ihn daher auf jeden Fall berücksichtigen.

1 Der Titel der folgenden Parabel lautet „Eine kaiserliche Botschaft“.
Welche Assoziationen weckt dieser Titel in Ihnen? Übertragen Sie die folgende Mind-Map in Ihre Kursmappe und ergänzen Sie sie mit Ihren spontanen Ideen.

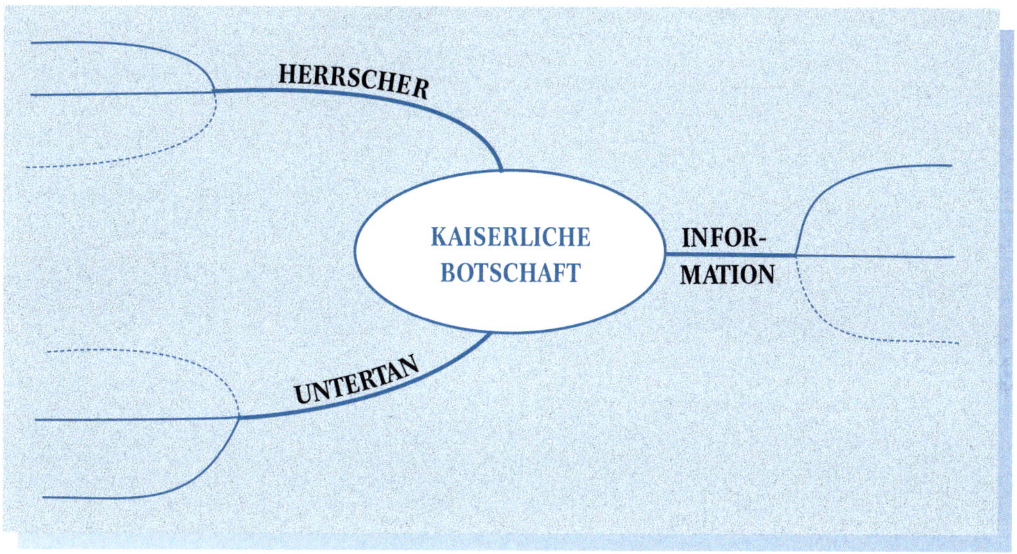

2 Lesen Sie nun die Parabel langsam und sorgfältig.

Franz Kafka

Eine kaiserliche Botschaft (1919)

Der Kaiser – so heißt es – hat dir, dem Einzelnen, dem jämmerlichen Untertanen, dem winzig vor der kaiserlichen Sonne in die fernste Ferne geflüchteten Schatten, gerade dir hat der Kaiser von seinem Sterbebett aus eine Botschaft gesendet. Den Boten hat er beim Bett niederknien lassen und ihm die Botschaft ins Ohr geflüstert; so sehr war ihm an ihr gelegen, dass er sich sie noch ins Ohr wiedersagen ließ. Durch Kopfnicken hat er die Richtigkeit des Gesagten bestätigt. Und vor der ganzen Zuschauerschaft seines Todes – alle hindernden Wände werden niedergebrochen und auf den weit und hoch sich schwingenden Freitreppen stehen im Ring die Großen des Reichs – vor allen diesen hat er den Boten abgefertigt. Der Bote hat sich gleich auf den Weg gemacht; ein kräftiger, ein unermüdlicher Mann; einmal diesen, einmal den andern Arm vorstreckend, schafft er sich Bahn durch die Menge; findet er Widerstand, zeigt er auf die Brust, wo das Zeichen der Sonne ist; er kommt auch leicht vorwärts, wie kein anderer. Aber die Menge ist so groß; ihre Wohnstätten nehmen kein Ende. Öffnete sich freies Feld, wie würde er fliegen, und bald wohl hörtest du das herrliche Schlagen seiner Fäuste an deiner Tür. Aber stattdessen, wie nutzlos müht er sich ab; immer noch zwängt er sich durch die Gemächer des innersten Palastes; niemals wird er sie überwinden; und gelänge ihm dies, nichts wäre gewonnen; die Treppen hinab müsste er sich kämpfen; und gelänge ihm dies, nichts wäre gewonnen; die Höfe wären zu durchmessen; und nach den Höfen der zweite umschließende Palast; und wieder Treppen und Höfe; und wieder ein Palast; und so weiter durch Jahrtausende; und stürzte er endlich aus dem äußersten Tor – aber niemals, niemals kann es geschehen –, liegt erst die Residenzstadt vor ihm, die Mitte der Welt, hochgeschüttet voll ihres Bodensatzes. Niemand dringt hier durch und gar mit der Botschaft eines Toten. – Du aber sitzt an deinem Fenster und erträumst sie dir, wenn der Abend kommt.

Erstes Textverständnis

3 Formulieren Sie so genau wie möglich Ihre Reaktionen (mit Verweisen auf bestimmte Textstellen), Fragen, die der Text aufwirft, und Vermutungen über seine mögliche Aussage.

Reaktionen:

Fragen:

Textaussage/Interpretationshypothese:

Tipp

Falls Ihnen der Text zu diesem Zeitpunkt noch rätselhaft ist und Sie noch keine Idee bezüglich seiner möglichen Aussage haben, macht das nichts. Vertrauen Sie darauf, dass er sich Ihnen im Folgenden durch das sorgfältige Durcharbeiten aller methodischen Schritte erschließen wird!

Aspekte der Analyse

4 **a** Gliedern Sie den Text zunächst in Sinnabschnitte und notieren Sie am Rand kurze Überschriften.
b Formulieren Sie in eigenen Worten eine kurze Inhaltsangabe (► S. 5).

Bild- und Sachebene der Parabel

Kafka erzählt eine Geschichte (Bildebene), deren Bedeutung (Sachebene) Sie durch Interpretation erst erschließen müssen. Engen Sie Ihre Deutung nicht vorschnell ein.

5 Übertragen Sie die folgende Tabelle mit großzügig bemessenem Schreibplatz in Ihre Kursmappe. Erschließen Sie Analogien zwischen Bild- und Sachebene in Bezug auf den Text als Ganzes, indem Sie die Tabelle ausarbeiten.

	Bildebene	Sachebene
Ausgangssituation	Kaiser todkrank; sendet Botschaft	Kommunikation einer sehr wichtigen Nachricht; die Zeit drängt
Figurenkonstellation (Verhältnis der Figuren zueinander)	mächtiger, aber sterbender Herrscher ↕ „jämmerliche[r]“, „geflüchtete[r]“ „Untertan“	großes Machtgefälle zwischen den Kommunizierenden; durch den Kaiser
Handlungsverlauf	...	...
Schlusssituation	...	...
Raum/Zeit	...	...
Erzähler	...	...

6 Bestimmen Sie das Thema der Parabel. Ergänzen Sie den folgenden Satz.

Kafkas Parabel handelt von einer ____________ Kommunikationssituation, die durch ein großes ____________ und durch ein unterschwellig angedeutetes Gefühl von ____________ ____________ bei einem der Kommunizierenden bestimmt ist.

Info

In einem mit potenzieller (möglicher) Bedeutung aufgeladenen Text wie der Parabel gewinnen Gegenstände und Personen häufig **symbolische Bedeutung**: Sie stehen innerhalb der Handlung für sich selbst, in der Deutung aber auch für etwas anderes, häufig Abstraktes (nicht sinnlich Fassbares).
Hinweis: Formulieren Sie zunächst genau und ausführlich die Funktion der Symbole innerhalb der Handlung und leiten Sie nicht vorschnell konkrete Deutungen ab – sonst bleiben Letztere unbelegt.

7 Die nachfolgende Tabelle gibt die wichtigsten Symbole vor, die die Parabel enthält. Übertragen Sie sie mit großzügig bemessenem Schreibplatz in Ihre Kursmappe und tragen Sie Ihre Beobachtungen ein.

Bildebene	Sachebene	
Symbol	**Deutung innerhalb der Handlung**	**mögliche konkrete Entsprechungen**
Kaiser	- mächtige, aber geschwächte Person - ...	- Regierender, der im Begriff ist, seine Macht zu verlieren? - Autor? (s.unten)
Untertan	- machtlose, tatsächlich oder im bildlichen Sinne vom „Kaiser“ entfernte / geflohene Person, die auf Kommunikation wartet („sitzt an deinem Fenster“) - ...	- machtloser Einzelner im Staat? - Leser?: direkte Anrede im Schlusssatz - Gläubiger; Gottsuchender? - ...
Botschaft	- ...	- ...
Bote	- ...	- ...

Sprachliche Mittel und Besonderheiten

Was für die Wahrnehmung des Menschen im Allgemeinen gilt, trifft auch für die Textinterpretation zu: Gehen Sie sinnvollerweise immer vom Großen zum Kleinen, von den grundsätzlichen Strukturen zum individuellen Detail. Bisher haben Sie den gedanklichen Aufbau der Parabel untersucht, um zu einem grundsätzlichen Verständnis des Textes zu gelangen. Nun gilt es, dieses auf der Ebene der verwendeten sprachlichen Mittel und Besonderheiten zu verankern.

Tipp

Konzentrieren Sie sich in Ihrer Interpretation auf einige wenige sprachliche Elemente und Aspekte, die Ihnen bedeutungsvoll erscheinen und anhand derer Sie zu schlüssigen Deutungen kommen können. Vermeiden Sie allgemeine Banalitäten wie „mit dieser Metapher unterstreicht der Autor seine Absicht“.

8 Um Ihnen bei der Orientierung zu helfen, sind im Folgenden mögliche Aspekte zur Untersuchung vorgeschlagen. Wählen Sie zusätzlich zwei weitere Aspekte aus und formulieren Sie dazu unter Bezug auf ausgesuchte Textstellen Deutungen. Bedenken Sie, dass die verschiedenen Aspekte in Beziehung zueinander stehen):

- Satzbau
- Stil
- Alliterationen
- Erzählperspektive
- Adjektive
- Wiederholungen
- Metaphern

Aspekt	Textverweis	Deutung
Kontraste zwischen Kaiser und Angesprochenem	„Der Kaiser“ (Z. 1), „kaiserliche Sonne“ (Z. 3) ↕ „Einzelner“ (Z. 1), „jämmerlicher Untertan“ (Z. 2), „in die fernste Ferne geflüchteten Schatten“ (Z. 3 f.)	Betonung und Differenzierung des Machtgefälles, gleichzeitig angedeutete Charakterisierung des Untertanen ↕ ______ ______
______	______	______
______	______	______

Kontextualisierung

Bisher haben Sie sich bei Ihren Interpretationen auf die Untersuchung der werk- beziehungsweise textimmanenten Elemente beschränkt. Im Falle Franz Kafkas bietet sich (unter anderen) das biografische Verfahren für die Interpretation an. Das **biografische Verfahren** hat nicht zum Ziel, eine reale Beziehung zu erschließen. Wichtig ist das Verständnis dafür, wie der Autor diese Beziehung künstlerisch verarbeitet hat, um zu grundsätzlichen Einsichten oder zu einer verallgemeinerten Bedeutung zu gelangen. Nachfolgend ist ein Auszug aus dem berühmten Text „Brief an den Vater" abgedruckt, den Kafka im Alter von 36 Jahren verfasste.

Liebster Vater,

Du hast mich letzthin einmal gefragt, warum ich behaupte, ich hätte Furcht vor Dir. Ich wusste Dir, wie gewöhnlich, nichts zu antworten, zum Teil eben aus der Furcht, die ich vor Dir habe, zum Teil deshalb, weil zur Begründung dieser Furcht zu viele Einzelheiten gehören, als dass ich sie im Reden halbwegs zusammenhalten könnte. Und wenn ich hier versuche, Dir schriftlich zu antworten, so wird es doch nur sehr unvollständig sein, weil auch im Schreiben die Furcht und ihre Folgen mich Dir gegenüber behindern und weil die Größe des Stoffs über mein Gedächtnis und meinen Verstand weit hinausgeht.

9 Stellen Sie aus der Sicht des Autors Vermutungen über das Vater-Sohn-Verhältnis an.

Verhalten/Gefühle		Verhältnis zu		Verhalten
______	Franz Kafka	⇄	Vater	______
______				______
______				______
______				______

10 Überlegen Sie nun, inwieweit sich Elemente der Parabel „Eine kaiserliche Botschaft“ im Lichte der Beziehung Kafkas zu seinem Vater interpretieren lassen. Führen Sie die Tabelle in Ihrer Kursmappe aus.

Element der Parabel (Bildebene)	Bezug zur Beziehung Kafka – Vater	allgemeine Bedeutung
Kaiser	Vater	mächtige, aber isolierte Person, deren Tod droht
Untertan		
Machtverhältnis Kaiser – Untertan		
Botschaft		
Weg des Boten		

Zusammenführende Deutung/Analyse

11 Formulieren Sie in Ihrer Kursmappe eine Gesamtinterpretation (mit Einleitungssatz einschließlich Thema → Inhaltsangabe → Analyse → Schlusssatz) auf der Grundlage Ihrer Arbeitsergebnisse.

Tipp

Umreißen und erörtern Sie die möglichen konkreten **Ausdeutungen der Bildebene** nur knapp – zum Beispiel mithilfe der folgenden Formulierungshilfen:

- Dies könnte der Leser, die Leserin so deuten, dass …
- Dies legt den Schluss nahe, …
- Eine mögliche Deutung wäre …

Der **Schwerpunkt Ihrer Analyse** sollte auf der Deutung innerhalb des Textes und der genauen Textarbeit (Analyse von Struktur und Sprache) liegen.

Weiterführender Schreibauftrag

Im Anschluss an Ihre Interpretation kann Ihnen ein so genannter weiterführender Schreibauftrag gestellt werden, in dem Ihnen die Aufgabe gestellt wird, zu einem Aspekt des Textes kritisch Stellung zu nehmen oder die Ergebnisse Ihrer Deutung in einem eigenen kreativen Text zu verarbeiten. Trainieren Sie Letzteres in der folgenden Übung anhand Ihrer Erkenntnisse zu Kafkas Parabel. Achten Sie dabei darauf, dass die Einsichten, die Sie bei Ihrer Analyse gewonnen haben, auch tatsächlich in Ihren Text eingehen und dass dieser nicht ein völlig anderes Verständnis des Textes zur Grundlage hat!

12 Ein Freund fragt Sie, warum man Kafkas Parabel „Eine kaiserliche Botschaft“ noch heute lesen sollte. Beantworten Sie seine Frage in einem Brief. Gehen Sie dabei insbesondere auf das Thema „Macht im Vater-Sohn-Verhältnis“ ein.

- Überlegen Sie zunächst, wie Sie argumentativ vorgehen wollen. Suchen Sie dazu passende Stellen aus der Parabel heraus, auf die Sie in Ihrer Antwort eingehen wollen.
- Rufen Sie sich die Konventionen der Textform „Brief“ ins Gedächtnis und wenden Sie sie sinnvoll an.
- Verzichten Sie auf ausufernde Ausführungen, sondern konzentrieren Sie sich auf Ihr zentrales Anliegen.

1.4 Texte vergleichen

Will man Texte miteinander vergleichen, muss man zunächst systematisch sowohl die Ähnlichkeiten als auch die Unterschiede zwischen beiden Texten erschließen. Wesentliche Gemeinsamkeiten zu vergleichender Texte liegen oft im Thema. Unterschiede finden sich vornehmlich in Struktur und Sprache.

1 Lesen Sie die folgenden beiden Parabeln sorgfältig. Überlegen Sie dabei, ob Sie bereits Vermutungen zum jeweiligen Thema anstellen können. Achten Sie während des Lesens aber nicht nur auf Ähnlichkeiten, sondern berücksichtigen Sie auch zentrale Unterschiede.

Botho Strauß

Wann merkt ein Mann

Wann merkt ein Mann, dass er auf einem stillgelegten Bahnhof sitzt und vergeblich seinen Zug erwartet? Es gibt auf dem Land etliche Bahnhöfe, die ohne Personal, ohne Aufsicht sind, wo Kartenschalter mit Pappe verschlossen, die Rollläden vor dem Kiosk heruntergelassen, keine Zeitung, keine Fahrkarte zu kaufen sind, und dennoch hält ein- oder zweimal am Tag ein Zug, der Dörfer mit der Kreisstadt verbindet.
Nun hängen aber in der Bahnhofshalle auch keine Fahrpläne mehr hinter der Glasscheibe im Kasten. Die Scheibe ist vielmehr herausgebrochen, und auf dem hölzernen Grund kleben ein paar Sticker, Reklame einer Brauerei. Auch die großen Plakate mit Landschaftsaufnahmen, Werbung des Fremdenverkehrs, sind zur Hälfte abgerissen oder mit schwarzen politischen Malen übersprüht. Kein Anzeichen findet sich, dass diese Station noch in Betrieb wäre. Und doch hat sich der müde Wanderer auf einer Bank niedergelassen, nachdem er alten Abfall beiseitegekehrt und den Rucksack abgestreift hat. Er wartet gegen jede Wahrscheinlichkeit auf Ankunft und Halt seines Zugs. Innerhalb der ersten Stunde brausen ein Güterzug und ein Schnellzug draußen vorbei, ohne dass eine Durchsage sie vorher angekündigt hätte. Das verwundert den Mann aber nicht und lässt ihn am Sinn seines Wartens nicht zweifeln. Er hat den Bahnhof erreicht nach vielen Stunden einsamen Fußwegs – und dieses Gebäude, freistehend an doppelten Gleisen, ohne zugehörige Ortschaft, bietet ihm Gewähr genug, dass er sich am rechten Ort befinde, von wo er auf bequeme Weise nach Hause gelangen wird. Auch wird er einer Logik folgen und einen sicheren Trugschluss ziehen: Wenn kein Zug hielte, gäbe es den geöffneten Bahnhof nicht mehr, er wäre zumindest verschlossen, um keine falsche Versprechung für müde Wanderer darzustellen.
Also bleibt er sitzen und hört über die Stunden einige Züge vorbeifahren, ohne in der Überzeugung nachzulassen, dass sein Zug noch kommen und anhalten werde. Denn es ist schwer, vielleicht unmöglich, in einem Wartesaal einzukehren, um seine erschöpften Beine auszuruhen, und gegen den Raumsinn zu empfinden, dass hier kein Warten mehr belohnt wird. Er hat sich auf der harten Bank ausgestreckt und seinen Rucksack unter die Schläfe geschoben. Er schlummert im Großen und Ganzen des Bahnhofs ein. Seine tiefe Geduld, das allein herrschende Gefühl für die bevorstehende Heimfahrt, hat seine Sinne erfolgreich von jedem Detail abgelenkt, das ihm lästig, seiner Stimmung abträglich werden könnte.

Franz Kafka

Vor dem Gesetz

Vor dem Gesetz steht ein Türhüter. Zu diesem Türhüter kommt ein Mann vom Lande und bittet um Eintritt in das Gesetz. Aber der Türhüter sagt, dass er ihm jetzt den Eintritt nicht gewähren könne. Der Mann überlegt und fragt dann, ob er also später werde eintreten dürfen. „Es ist möglich“, sagt der Türhüter, „jetzt aber nicht.“ Da das Tor zum Gesetz offen steht wie immer und der Türhüter beiseitetritt, bückt sich der Mann, um durch das Tor in das Innere zu sehn. Als der Türhüter das merkt, lacht er und sagt: „Wenn es dich so lockt, versuche es doch, trotz meines Verbotes hineinzugehn. Merke aber: Ich bin mächtig. Und ich bin nur der unterste Türhüter. Von Saal zu Saal stehn aber Türhüter, einer mächtiger als der andere. Schon den Anblick des dritten kann nicht einmal ich mehr ertragen.“ Solche Schwierigkeiten hat der Mann vom Lande nicht erwartet; das Gesetz soll doch jedem und immer zugänglich sein, denkt er, aber als er jetzt den Türhüter in seinem Pelzmantel genauer ansieht, seine große Spitznase, den langen, dünnen, schwarzen tatarischen Bart, entschließt er sich, doch lieber zu warten, bis er die Erlaubnis zum Eintritt bekommt. Der Türhüter gibt ihm einen Schemel und lässt ihn seitwärts von der Tür sich niedersetzen. Dort sitzt er Tage und Jahre. Er macht viele Versuche, eingelassen zu werden, und ermüdet den Türhüter durch seine Bitten. Der Türhüter stellt öfters kleine Verhöre mit ihm an, fragt ihn über seine Heimat aus und nach vielem andern, es sind aber teilnahmslose Fragen, wie sie große Herren stellen, und zum Schlusse sagt er ihm immer wieder, dass er ihn noch nicht einlassen könne. Der Mann, der sich für seine Reise mit vielem ausgerüstet hat, verwendet alles, und sei es noch so wertvoll, um den Türhüter zu bestechen. Dieser nimmt zwar alles an, aber sagt dabei: „Ich nehme es nur an, damit du nicht glaubst, etwas versäumt zu haben." Während der vielen Jahre beobachtet der Mann den Türhüter fast ununterbrochen. Er vergisst die andern Türhüter, und dieser erste scheint ihm das einzige Hindernis für den Eintritt in das Gesetz. Er verflucht den unglücklichen Zufall, in den ersten Jahren rücksichtslos und laut, später, als er alt wird, brummt er nur noch vor sich hin. Er wird kindisch, und, da er in dem jahrelangen Studium des Türhüters auch die Flöhe in seinem Pelzkragen erkannt hat, bittet er auch die Flöhe, ihm zu helfen und den Türhüter umzustimmen. Schließlich wird sein Augenlicht schwach, und er weiß nicht, ob es um ihn wirklich dunkler wird oder ob ihn nur seine Augen täuschen. Wohl aber erkennt er jetzt im Dunkel einen Glanz, der unverlöschlich aus der Türe des Gesetzes bricht. Nun lebt er nicht mehr lange. Vor seinem Tode sammeln sich in seinem Kopfe alle Erfahrungen der ganzen Zeit zu einer Frage, die er bisher an den Türhüter noch nicht gestellt hat. Er winkt ihm zu, da er seinen erstarrenden Körper nicht mehr aufrichten kann. Der Türhüter muss sich tief zu ihm hinunterneigen, denn der Größenunterschied hat sich sehr zu Ungunsten des Mannes verändert. „Was willst du denn jetzt noch wissen?", fragt der Türhüter, „du bist unersättlich." „Alle streben doch nach dem Gesetz", sagt der Mann, „wieso kommt es, dass in den vielen Jahren niemand außer mir Einlass verlangt hat?" Der Türhüter erkennt, dass der Mann schon an seinem Ende ist, und um sein vergehendes Gehör noch zu erreichen, brüllt er ihn an: „Hier konnte niemand sonst Einlass erhalten, denn dieser Eingang war nur für dich bestimmt. Ich gehe jetzt und schließe ihn."

Erstes Textverständnis

2 Formulieren Sie Stichwörter zu Interpretationshypothesen.

Thema bei Botho Strauß: ______________________

Thema bei Franz Kafka: ______________________

Gemeinsamkeiten: ______________________

____

3 Fassen Sie den Inhalt beider Texte jeweils knapp und genau in eigenen Worten zusammen.

„Wann merkt ein Mann": ______________________

____

____

„Vor dem Gesetz": ______________________

____

____

Aspekte der Analyse

Gehen Sie nun die wichtigsten Aspekte für die Untersuchung von literarischen Prosatexten systematisch in Bezug auf beide Texte durch.

4 **a** Arbeiten Sie in Ihrer Kursmappe eine Tabelle nach folgendem Muster aus:

Untersuchungsaspekte	nur bei Strauß	Gemeinsamkeiten/ Ähnlichkeiten	nur bei Kafka
Schlüsselwörter/ -begriffe	Bahnhof, warten, merken	selbst gewählte Wartesituation, vertrauensvolles Hoffen, erhört zu werden	Gesetz, Eintritt, Einlass, Türhüter
Handlung: Konflikt / Problem, Ursachen / Entwicklung / Lösung	...	...	...

b Notieren Sie darin Unterschiede sowie Gemeinsamkeiten und Ähnlichkeiten zu weiteren Aspekten:

- **Handlung:** Konflikt/Problem → Ursachen → Entwicklung → Lösung
- **Figuren:** Erscheinung, Charakter, Verhalten, Entwicklung, Beziehungen
- **Stil:** Sprache – Wortwahl, Syntax; auffällige grammatische Konstruktionen
- **Erzählperspektive:** Wer erzählt aus welcher Sicht/Position?
- **Bilder:** Metaphern, Vergleiche, Symbole

Zusammenführende Deutung/Analyse: Drei Schritte zum Textvergleich

5 **Schritt 1:** Überlegen Sie zunächst, wie die Grundausrichtung Ihres Vergleichs aussehen soll:

- Ist Ihr Fazit (das Ergebnis Ihrer Untersuchung), dass die Ähnlichkeiten der beiden Texte überwiegen?
- Oder wollen Sie eher die Unterschiede betonen?

In jedem Fall werden Sie sowohl Ähnlichkeiten als auch Unterschiede aufzeigen. Bedenken Sie vorher, mit welchem Aspekt Sie Ihre Darstellung beginnen und mit welchem Sie schließen wollen – Letzterer ist der wichtigere.

Schritt 2: Entscheiden Sie,

- ob Sie zunächst jeden Text gesondert untersuchen wollen, um dann Vergleichsaspekte herauszustellen, oder
- ob Sie einzelne Vergleichsaspekte (Aufgabe 4 oben) in beiden Texten finden und diese vergleichend gegenüberstellen wollen.

Spielen Sie beide Verfahrensweisen, soweit möglich, in Gedanken durch und überlegen Sie, welche Ihren Ansatz klarer und verständlicher macht.

Schritt 3: Treffen Sie eine Auswahl derjenigen Aspekte, die Sie für erwähnenswert halten. Vermeiden Sie ein rein aufzählendes „Abhaken", stellen Sie deutliche logische Zusammenhänge her. Achten Sie – auch sprachlich – auf einen sinnvollen Aufbau (▶ Tipps S. 5, 12, 17, 49, 50).

6 **Weiterführender Schreibauftrag**

Vergleichen Sie die Parabeln von Franz Kafka (▶ S. 7, 13) und Botho Strauß (▶ S. 13) mit der von Bertolt Brecht (▶ S. 4). Beschreiben und erklären Sie ihre unterschiedliche Wirkung auf den Leser.

Ihr persönliches Fazit

Beim Durcharbeiten des Arbeitsheftes ist Ihnen bis hierher sicher einiges aufgefallen, das Sie in Zukunft bei Interpretationen besonders beachten wollen. Formulieren Sie Merksätze dazu.

1. ______________________________

2. ______________________________

3. ______________________________

1.5 Klausurtraining: Parabelinterpretation

Für eine Klausur liegt der Schwerpunkt neben den Techniken der Analyse auf der Verschriftlichung.

Günter Kunert

Rennfahrer

Wenn der Wagen anrollt, aufheult, über die Straßen herfällt, sie unter sich zu zwingen, sie zu verschlingen und hinter sich zu lassen als schrumpfende, hinter dem Heck schneller und schneller versinkende Asphaltspur, erhebt es den Fahrer in einen seltsamen Zustand: ein kalter, nüchterner und scharfer Rausch, der den Körper hinter der Maschine zittern macht: vor Lust und dem Gift, das in ihr steckt, dem Tropfen Angst. Und wäre ohne diesen Tropfen schal. Und gleicht der andern Lust, die Mann zu Weib treibt, weil auch diese auf nichts weiter zielt als sich selber und auf sonst nichts, nichts mehr. Der Fahrer rast nicht gen Irgendwo, weil er da wichtige Geschäfte hat, weil ihn dort etwas braucht und ruft, er fährt nur, um zu fahren.

Die Landschaft rauscht vorbei. In der Ferne die Berge währen länger im Blick als alles Nahe, Buschhafte, Blättrige, Bauschige, das, kaum aufgetaucht, sogleich zurückbleibt. Plötzlich ein helles Bauwerk. Vielleicht lüde es ein, darin zu hausen, gemächlich aus einem Fenster auf den kriechenden Fluss zu schauen, läge es nicht bereits wieder im Rücken des Fahrers und eingeschmolzen in die Natur, aus der es kurz nur trat. Menschen fliegen vorüber; unkenntlich, wer und was für welche. So das Gesicht einer Frau, ungewiss, ob jung, ob dunkelhäutig; vorüber schon im selben Tempo wie die Minuten, die Stunden.

Wo die Fahrt endet, ist ein weißer Streifen über den Beton gemalt, steht auf einem ausgespannten Tuch die kleine Lüge: ZIEL. Der Wagen rollt aus, der Fahrer hält an, hinter den Augäpfeln noch die sich überdeckenden Bilder der Fahrt. Von Helfern aus dem Wagen gehoben, geht er schwankend fort. Nirgendwo angekommen, nicht mehr unterwegs, betäubt von der übergroßen Dosis Erleben, bleibt er sich unverständlich und sein Tun ihm unbegreifbar.

Erstes Textverständnis

1 Formulieren Sie in Ihrer Kursmappe eine Inhaltsangabe (▶ S. 5) in höchstens drei Sätzen und mit präziser Wortwahl.

2 Lesen Sie den Text mehrmals. Beschreiben Sie die rhythmische Struktur des Textes und formulieren Sie eine Begründung, warum der Autor diese (und keine andere) gewählt haben könnte.

Aspekte der Analyse

3 Zur Einordnung einzelner Aspekte kann es sinnvoll sein, alternative Gestaltungsmöglichkeiten zu prüfen. Üben Sie dieses **kontrastierende Verfahren**, indem Sie die folgende Tabelle in Ihrer Kursmappe ausarbeiten.

Untersuchungsaspekt	Darstellung im Text	Alternative	Deutung
Erzählperspektive	in der 3. Person: Wechsel zwischen Einfühlung und Distanz	in der 1. Person: unreflektierte Identifikation des Lesers mit dem Rennfahrer	Distanz ist notwendig, um beim Leser Reflexion zu bewirken und so den parabelhaften Charakter des Textes zu wahren
Syntax	lange Sätze, …	…	…
Charakterisierung der Hauptfigur			
Sprachliche Mittel			

4 Suchen Sie nach möglichen Entsprechungen zur Bildebene in Kunerts Parabel. Bedenken Sie, dass Sie nicht unbedingt zu jedem Element des Textes eine Entsprechung finden müssen, sondern dass Ihre Ergebnisse erst in der zusammenführenden Deutung ein schlüssiges Bild ergeben müssen. Wählen Sie mögliche weitere Elemente: Wagen, Blick des Rennfahrers auf die Welt, Frau, Ziel, Ankunft/Aussteigen.

Zusammenführende Deutung/Analyse

5 Arbeiten Sie unter Bezug auf Ihre Vorarbeiten eine vollständige Analyse aus, indem Sie den folgenden Arbeitsschritten folgen.

a **Schritt 1:** Formulieren Sie einen treffenden Einleitungssatz, der die Gattung (Parabel), den Titel, den Autor und das Thema des Textes knapp und genau benennt:

b **Schritt 2:** Fügen Sie die bereits erarbeitete Inhaltsangabe (S. 16, Aufgabe 1) ein.

c **Schritt 3:** Planen Sie den Aufbau Ihrer Analyse so, dass Sie vom Allgemeinen zum Besonderen fortschreiten:
- Erläutern Sie zunächst die Beziehungen zwischen Bild- und Sachebene, um einen Überblick über Günter Kunerts Aussageabsicht zu geben.
- Erläutern und belegen Sie Ihre Interpretation durch eine etwas breitere Darstellung der wichtigsten Untersuchungsaspekte.

Tipp

Bei jeder Interpretation kann es geschehen, dass Ihnen bestimmte Elemente des Textes mehrdeutig erscheinen. Vernachlässigen Sie diese nicht, sondern weisen Sie auf diese Mehrdeutigkeit hin und skizzieren Sie verschiedene Möglichkeiten der Deutung und deren Konsequenzen für das Verständnis des Textes. Hilfreich können dabei folgende Formulierungen sein:
- Hier bleibt offen, ob … oder … gemeint ist.
- Hier erscheinen mehrere Deutungen möglich: …
- Einerseits könnte dies ein Verweis auf … sein, andererseits …
- An dieser Stelle bleibt die symbolische Bedeutung offen: …
- Eine solche Deutung hätte zur Konsequenz, dass …
- Dies würde in (scharfem) Kontrast stehen zu …

Natürlich sollte solch ein Offenlassen von Mehrdeutigkeiten die Ausnahme sein.

d **Schritt 4:** Formulieren Sie einen Schlusssatz. Möglich sind folgende Akzente:
- **Zusammenfassung:** Wie lässt sich die Gesamtaussage des Textes fassen?
  Beispiel: „Das Bild, das Kunert vom modernen Menschen zeichnet, ist ein zutiefst pessimistisches."
- **Ausblick:** Wie könnte die Handlung weitergehen/wie hätte sie anders verlaufen können? Welche Konsequenzen hätte dies für die Deutung?
  Beispiel: „Offen bleibt, ob der erlebnissüchtig durch die Welt rasende Mensch überhaupt noch in der Lage wäre, zu einem ‚gemächlichen' Leben zurückzukehren und in einem solchen glücklich zu werden."
- **Frage**, die sich aus der Interpretation ergibt.
  Beispiel: „Der Leser muss sich letztlich der Frage stellen, ob und inwieweit sein Blick auf die Welt dem des Rennfahrers ähnelt."

Tipp

Die Form zählt! Achten Sie neben Selbstverständlichkeiten wie einer lesbaren Handschrift und einer sorgfältigen Fehlerkorrektur insbesondere auf folgende Aspekte:
- Gliedern Sie Ihre Ausführungen in sinnvolle und überschaubare **Absätze:** keine Seite (oder Klausurspalte) ohne Absatz!
- Verwenden Sie **Doppelpunkte**, um gedankliche Strukturen deutlich zu machen (z. B. zwischen These und Beleg, zwischen der Einleitung eines Gedankens und dem Gedanken selbst). Sie erhöhen dadurch die Lesbarkeit Ihrer Klausur sehr.

2 Übungen: Kurzgeschichten

Info

EPIK

Die Kurzgeschichte gehört zur Gattung der Epik, die verschiedene **Arten des fiktiven Erzählens** umfasst. In der Regel sind epische Texte in Prosa (in ungebundener Sprachform) verfasst, in seltenen Fällen auch in Versen (in gebundener Sprache, die einem bestimmten regelmäßigen Rhythmus folgt). Man unterscheidet zwischen Großformen der Epik wie dem **Roman** oder dem **Epos**, epischen Texten mittlerer Länge wie der **Novelle** und Kleinformen wie dem **Märchen**, der **Legende**, der **Kurzgeschichte**, der **Parabel** oder der **Anekdote**. Als Kurzform, die Humor ausdrückt, gehört auch der **Witz** zur Epik.

Erzähler

Von der Lyrik und dem Drama, den beiden anderen Großgattungen der Dichtung, unterscheidet sich die Epik durch den **Erzähler**. Es handelt sich um eine Instanz, die sich der Autor geschaffen hat und über die sowohl das **äußere Geschehen** als auch das **innere Geschehen** der Figuren (▶ S. 19) vermittelt wird.

Während die vom Autor entwickelten Figuren im Drama direkt handeln und unmittelbar auf den Zuschauer wirken, steht in der Epik der Erzähler als Vermittler zwischen den Figuren und dem Leser. Dabei nimmt er als **Ich**- oder **Er-Erzähler** verschiedene **Erzählformen** ein und entwickelt verschiedene **Erzählhaltungen** (z. B. sachlich-nüchtern oder pathetisch, ironisch, distanziert oder neutral) und **Erzählstandorte** (zwischen Nähe und Distanz, ▶ S. 37, 45; man unterscheidet hier zwischen erlebendem und erzählendem Ich). In der Er-Form kann der Erzähler sich deutlich bemerkbar machen, in anderen Fällen aber auch kaum in Erscheinung treten und insgesamt ein bestimmtes **Erzählverhalten** zeigen (▶ S. 19).

Ebenso wie die präsentierten **Orte** kann der Erzähler auch die **zeitlichen Abläufe** des Geschehens unterschiedlich intensiv darstellen, indem er **Erzählzeit** und **erzählte Zeit** (▶ S. 19) in ein bestimmtes Verhältnis zueinander setzt und entweder zeitdeckend, zeitraffend oder zeitdehnend erzählt.

Um das Geschehen zu entfalten, stehen dem Erzähler verschiedene **Darbietungsformen** wie der Erzählbericht, das szenische Erzählen (evtl. mit Figurenrede), Techniken zur Spiegelung des Bewusstseins von Figuren (innerer Monolog und erlebte Rede) sowie eigene Reflexionen zur Verfügung (▶ S. 19).

Kurzgeschichte

Als eine häufige epische Kleinform zeichnet sich die Kurzgeschichte (Lehnübersetzung des Begriffs *short story* aus dem amerikanischen Englisch) oft durch einen **offenen Anfang** und einen **offenen Schluss**, einen linearen, **einsträngigen Handlungsverlauf** ohne Rückblenden oder Parallelhandlungen sowie die **Typisierung** von Personen aus. Meist wird ein entscheidender Moment im Leben eines Menschen dargestellt.

Roman

Als ein epischer Text größeren Umfangs präsentiert der Roman vielschichtige Lebenszusammenhänge von Figuren in oft **komplexen Haupt- und Nebenhandlungen**. Er umfasst erheblich größere Zeiträume als z. B. die Kurzgeschichte bis hin zu einer Abfolge mehrerer Generationen. Das Geschehen kann kontinuierlich, aber auch in Zeitsprüngen erzählt werden und mit der Darstellung (zeit-) geschichtlicher Hintergründe und einem besonderen Lokalkolorit (atmosphärischen Besonderheiten eines Ortes) verbunden werden. Je nach thematischem Schwerpunkt können Romane in Abenteuer-, Bildungs-, Entwicklungs-, Erziehungs-, Gesellschafts-, Großstadt-, Heimat, Liebes-, Kriminal-, Künstlerromane oder andere Romanformen unterteilt werden. Romane können außerdem – je nach Autorenabsicht – eine empfindsame, fantastische, humoristische, realistische, satirische oder eine andere Ausrichtung haben. Innerhalb der Gattung haben sich auch populäre Versionen (Trivial- oder Unterhaltungsroman) entwickelt.

Info

ANALYTISCHE BEGRIFFE zur Erschließung epischer Texte

Die folgenden Fachbegriffe helfen, die Struktur von Kurzgeschichten, Romanen und anderen epischen Texten zu verstehen und zu kennzeichnen.

Äußeres Geschehen/Außensicht
In der Außensicht einer Figur präsentiert der Erzähler alles, was auch von anderen Figuren der Erzählung wahrgenommen werden könnte: die Handlungen dieser Figur, ihre Äußerungen (wiedergegeben in wörtlicher oder indirekter Rede), ihren mimischen und gestischen Ausdruck etc.

Inneres Geschehen/Innensicht
Eröffnet der Erzähler die Innensicht, so blickt er in eine Figur hinein und stellt ihre Gefühle ebenso dar wie ihre Gedanken. Sonderformen sind der innere Monolog (Wiedergabe von Gedanken in der 1. Person) und die erlebte Rede (Wiedergabe in der 3. Person).

Erzählverhalten
Der Erzähler eines epischen Textes kann ein bestimmtes, definierbares Erzählverhalten entwickeln:

- **auktoriales Erzählen**
Beim auktorialen Erzählen hat der Erzähler einen Überblick über das Geschehen und nutzt diesen, um den Leser mit Hinführungen, Kommentaren und Reflexionen durch die Ereignisse zu geleiten. Im Erzählgang kann er voraus- und zurückgreifen und auch ansonsten vieles unternehmen, um seine überlegene Position anderen Figuren und dem Leser gegenüber geltend zu machen.
- **personales Erzählen**
Beim personalen Erzählen ist der Erzähler auf die Sichtweise einer Figur beschränkt, die in der Erzählung vorkommt. Er weiß nicht mehr als diese Figur und kann Ereignisse und Sachverhalte oft ebenso wenig einordnen wie diese. Ähnlich wie Detektiv und Zuschauer im Krimi bemüht sich der Leser zusammen mit dem personalen Erzähler um ein zunehmend besseres Verstehen des Geschehens.
- **neutrales Erzählen**
Das neutrale Erzählen ist dadurch gekennzeichnet, dass der Erzähler im Text nahezu verschwindet. Vorgänge werden ohne Orientierungsangebote für den Leser dargeboten.

Darbietungsformen
Die am häufigsten gebrauchten Darbietungsformen des Erzählens sind:

- **Erzählbericht:** Erzählen, das zeitliche Abläufe zusammenfasst und sie unter weit gehendem Verzicht auf die Figurenrede **zeitraffend** wiedergibt.
- **szenisches Erzählen:** Erzählen, das ein Geschehen (nahezu) **zeitdeckend** entfaltet und dabei z. B. die Figurenrede (wörtliche Rede) verwendet.
- **Beschreibung:** Erzählpassage, die – im Unterschied zu den Darbietungsformen für zeitliche Abläufe (s. o.) – **Besonderheiten des Raumes** (Landschaften, Gebäude, Personen) darstellt.

Erzählzeit/erzählte Zeit
Erzählzeit ist die Zeit, die ein Erzähler für einen mündlichen Vortrag seiner Erzählung brauchen würde. Die erzählte Zeit umfasst den Zeitraum, über den sich das erzählte Geschehen erstreckt. Ist die Erzählzeit erheblich kürzer als die erzählte Zeit, liegt **zeitraffendes**, im umgekehrten Fall **zeitdehnendes Erzählen** vor. Eine Erzählung ist **zeitdeckend**, wenn Erzählzeit und erzählte Zeit etwa gleich lang sind.

Chronologie
Die Chronologie des Erzählens bezeichnet die **zeitliche Reihenfolge** von Ereignissen. Möglichkeiten der Gestaltung sind:

- **lineares Erzählen,** das sich an die zeitliche Reihenfolge hält, so wie sie der Wirklichkeit entsprechen würde;
- **Rückblende und Vorausdeutung,** die aus der Chronologie herausspringen und Vergangenes nachholen bzw. Zukünftiges vorwegnehmen.

Außerdem können **Parallelhandlungen** mehrere zeitliche Stränge mischen (**Montagetechnik**).

2.1 Wolfgang Borchert

Wolfgang Borchert

Nachts schlafen die Ratten doch (1947)

Das hohle Fenster in der vereinsamten Mauer gähnte blaurot voll früher Abendsonne. Staubgewölke flimmerte zwischen den steil gereckten Schornsteinresten. Die Schuttwüste döste. Er hatte die Augen zu. Mit einmal wurde es noch dunkler. Er merkte, dass jemand gekommen war und nun vor ihm stand, dunkel, leise. Jetzt haben sie mich!, dachte er. Aber als er ein bisschen blinzelte, sah er nur zwei etwas ärmlich behoste Beine. Die standen ziemlich krumm vor ihm, dass er zwischen ihnen hindurchsehen konnte. Er riskierte ein kleines Geblinzel an den Hosenbeinen hoch und erkannte einen älteren Mann. Der hatte ein Messer und einen Korb in der Hand. Und etwas Erde an den Fingerspitzen.

Du schläfst hier wohl, was?, fragte der Mann und sah von oben auf das Haargestrüpp herunter. Jürgen blinzelte zwischen den Beinen des Mannes hindurch in die Sonne und sagte: Nein, ich schlafe nicht. Ich muss hier aufpassen. Der Mann nickte: So, dafür hast du wohl den großen Stock da? Ja, antwortete Jürgen mutig und hielt den Stock fest. Worauf passt du denn auf?

Das kann ich nicht sagen. Er hielt die Hände fest um den Stock.

Wohl auf Geld, was? Der Mann setzte den Korb ab und wischte das Messer an seinem Hosenboden hin und her.

Nein, auf Geld überhaupt nicht, sagte Jürgen verächtlich. Auf ganz etwas anderes.

Na, was denn?

Ich kann es nicht sagen. Was anderes eben.

Na, denn nicht. Dann sage ich dir natürlich auch nicht, was ich hier im Korb habe. Der Mann stieß mit dem Fuß an den Korb und klappte das Messer zu.

Pah, kann mir denken, was in dem Korb ist, meinte Jürgen geringschätzig, Kaninchenfutter.

Donnerwetter, ja!, sagte der Mann verwundert, bist ja ein fixer Kerl. Wie alt bist du denn?

Neun.

Oha, denk mal an, neun also. Dann weißt du ja auch, wie viel drei mal neun sind, wie?

Klar, sagte Jürgen, und um Zeit zu gewinnen, sagte er noch: Das ist ja ganz leicht. Und er sah durch die Beine des Mannes hindurch. Drei mal neun, nicht?, fragte er noch einmal, siebenundzwanzig. Das wusste ich gleich.

Stimmt, sagte der Mann, und genauso viel Kaninchen habe ich. Jürgen machte einen runden Mund: Siebenundzwanzig?

Du kannst sie sehen. Viele sind noch ganz jung. Willst du?

Ich kann doch nicht. Ich muss doch aufpassen, sagte Jürgen unsicher.

Immerzu?, fragte der Mann, nachts auch?

Nachts auch. Immerzu. Immer. Jürgen sah an den krummen Beinen hoch. Seit Sonnabend schon, flüsterte er.

Aber gehst du denn gar nicht nach Hause? Du musst doch essen. Jürgen hob einen Stein hoch. Da lag ein halbes Brot. Und eine Blechschachtel.

Du rauchst?, fragte der Mann, hast du denn eine Pfeife?

Jürgen fasste seinen Stock fest an und sagte zaghaft: Ich drehe. Pfeife mag ich nicht.

Schade, der Mann bückte sich zu seinem Korb, die Kaninchen hättest du ruhig mal ansehen können. Vor allem die Jungen. Vielleicht hättest du dir eines ausgesucht. Aber du kannst hier ja nicht weg.

Nein, sagte Jürgen traurig, nein nein.

Der Mann nahm den Korb hoch und richtete sich auf. Na ja, wenn du hierbleiben musst – schade. Und er drehte sich um.

Wenn du mich nicht verrätst, sagte Jürgen da schnell, es ist wegen den Ratten.

Die krummen Beine kamen einen Schritt zurück. Wegen den Ratten?

Ja, die essen doch von Toten. Von Menschen. Da leben sie doch von.

Wer sagt das?

Unser Lehrer.

Und du passt nun auf die Ratten auf?, fragte der Mann.

Auf die doch nicht! Und dann sagte er ganz leise: Mein Bruder, der liegt nämlich da unten.

Da. Jürgen zeigte mit dem Stock auf die zusammengesackten Mauern. Unser Haus kriegte eine Bombe. Mit einmal war das Licht weg im Keller. Und er auch. Wir haben noch gerufen. Er war viel kleiner als ich. Erst vier. Er muss hier ja noch sein. Er ist doch viel kleiner als ich.

Der Mann sah von oben auf das Haargestrüpp. Aber dann sagte er plötzlich: Ja, hat euer Lehrer euch denn nicht gesagt, dass die Ratten nachts schlafen?

Nein, flüsterte Jürgen und sah mit einmal ganz müde aus, das hat er nicht gesagt.

Na, sagte der Mann, das ist aber ein Lehrer, wenn er das nicht mal weiß. Nachts schlafen die Ratten doch. Nachts kannst du ruhig nach Hause gehen. Nachts schlafen sie immer. Wenn es dunkel wird, schon.

Jürgen machte mit seinem Stock kleine Kuhlen in den Schutt. Lauter kleine Betten sind das, dachte er, alles kleine Betten.

Da sagte der Mann (und seine krummen Beine waren ganz unruhig dabei): Weißt du was? Jetzt füttere ich schnell meine Kaninchen, und wenn es dunkel wird, hole ich dich ab. Vielleicht kann ich eins mitbringen. Ein kleines oder, was meinst du?

Jürgen machte kleine Kuhlen in den Schutt. Lauter kleine Kaninchen. Weiße, graue, weißgraue. Ich weiß nicht, sagte er leise und sah auf die krummen Beine, wenn sie wirklich nachts schlafen.

Der Mann stieg über die Mauerreste weg auf die Straße.

Natürlich, sagte er von da, euer Lehrer soll einpacken, wenn er das nicht mal weiß.

Da stand Jürgen auf und fragte: Wenn ich eins kriegen kann? Ein weißes vielleicht?

Ich will mal versuchen, rief der Mann schon im Weggehen, aber du musst hier so lange warten. Ich gehe dann mit dir nach Hause, weißt du? Ich muss deinem Vater doch sagen, wie so ein Kaninchenstall gebaut wird. Denn das müsst ihr ja wissen.

Ja, rief Jürgen, ich warte. Ich muss ja noch aufpassen, bis es dunkel wird. Ich warte bestimmt. Und er rief: Wir haben auch noch Bretter zu Hause. Kistenbretter, rief er.

Aber das hörte der Mann schon nicht mehr. Er lief mit seinen krummen Beinen auf die Sonne zu. Die war schon rot am Abend, und Jürgen konnte sehen, wie sie durch die Beine hindurchschien, so krumm waren sie. Und der Korb schwenkte aufgeregt hin und her. Kaninchenfutter war da drin. Grünes Kaninchenfutter, das war etwas grau vom Schutt.

Info

Über Wolfgang Borchert

Wolfgang Borchert, 1945

Wolfgang Borchert (1921–1947) lebte mit Unterbrechungen in Hamburg. Er hat die deutsche Literatur unmittelbar nach dem Zweiten Weltkrieg als Dramatiker und Erzähler entscheidend mitgeprägt. Nachdem er 1941 zum Wehrdienst eingezogen worden war, wurde er bald verwundet und wenig später wegen „Wehrkraftzersetzung" in ein Gefängnis überstellt, weil er als Soldat Briefe nach Hause geschrieben hatte, in denen er aus seiner Kritik am nationalsozialistischen System keinen Hehl gemacht hatte. Wegen politischer Witze wurde er bald erneut inhaftiert. Nach dem Krieg kehrte er schwer krank nach Hause zurück und schrieb in rascher Folge bedeutende Werke, z. B. das Drama „Draußen vor der Tür", bevor er an den Kriegs- und Haftfolgen starb.

Borchert gilt als Mitbegründer der deutschen Kurzgeschichte, die sich unmittelbar nach dem Zweiten Weltkrieg im Rahmen der so genannten Trümmer- und Kahlschlagliteratur entwickelte.

Erstes Textverständnis

1 Schreiben Sie in eigenen Worten das Thema der Kurzgeschichte von Wolfgang Borchert (► S. 20 f.) auf. Berücksichtigen Sie darin auch die Zeit, in der die Geschichte spielt.

Aspekte der Analyse

2 Beschreiben Sie in wenigen Sätzen den inneren Konflikt, in den Jürgen in der ersten Phase des Gesprächs gerät.

3 Borchert konfrontiert den Leser an dieser Stelle mit einer neuen Wendung des Geschehens. Stellen Sie in einer Denkblase dar, welche Einsicht der Mann hier gewinnt und welche Strategie er sich hier für den weiteren Fortgang des Gesprächs überlegt.

„Der Mann sah von oben auf das Haargestrüpp. Aber dann sagte er plötzlich ….“ (Z. 93 ff.).

4 In klassischen Kurzgeschichten finden sich oft Symbole (► S. 9). Listen Sie Wörter auf, die in dem hier gegebenen Handlungszusammenhang symbolische Bedeutung haben könnten. Geben Sie in der folgenden Tabelle an, welche konkrete Entsprechung (Sachebene, ► S. 9) Ihrer Meinung nach jeweils in den Symbolen steckt.

Symbole (Bildebene)	Konkrete Entsprechung (Sachebene)
Staubgewölke (Z. 2 f.)	Zerstörung, Tod
Schuttwüste (Z. 4)	
Sonne (Z. 19)	

Analyse

5 Formulieren Sie zunächst einen Einleitungssatz, in dem Sie Angaben zu Autor, Titel, Thema und Textsorte machen.

____

____

6 Fassen Sie in Ihrer Kursmappe den Inhalt der Kurzgeschichte zusammen. Berücksichtigen Sie dabei auffällige Strukturelemente der Kurzgeschichte (▶ S.18–19).

7 Entwickeln Sie drei Interpretationsthesen

- zum Verhalten des Jungen,
- zum Verhalten des Mannes sowie
- zur Symbolik

und führen Sie diese schriftlich aus. Verwenden Sie dazu den folgenden Lückentext.

Jürgen, der Junge, ist allein am Ort des Geschehens zurückgeblieben. Obwohl er erst neun Jahre alt ist, zeigt er ein besonderes Verantwortungbewusstsein, denn ______________________________

____

______________________________ Das zeigt sich z. B. in Zeile ____________

hier teilt der Erzähler mit, dass ______________________________

____

Gleichzeitig wird Jürgen aber auch als Kind dargestellt. Er ______________________________

____

____

Der ältere Mann ______________________________________

____

____

Er erkennt, dass ______________________________________

____

Die Situation des Jungen spiegelt der Erzähler in einer Reihe von Symbolen. So weist ____________

______________________ darauf hin, dass ______________________

____

Außerdem ____

____

8 **Weiterführender Schreibauftrag**

Zehn Jahre nach dem dargestellten Ereignis schreibt der Junge dem Mann einen Brief, in dem er sich an die damalige Begegnung erinnert. Schreiben Sie diesen Brief.

2.2 Irene Dische

Irene Dische

Fährnisse der Schönheit oder Wie man die Unfall-Therapie anwendet (2004)

Manchmal kommt es vor, dass jemand plötzlich jünger aussieht – besser. Meistens gibt es dafür eine einfache Erklärung. Dieser Jemand hat sich verliebt oder einen teuren Urlaub gemacht, oder er lässt sich was spritzen. Mit anderen Worten, ohne Quälerei geht es nicht. Bestätigt wurde diese Theorie von mir durch eine Friseuse, die bei einem Autounfall nur knapp dem Tod entging, nachher aber zwanzig Jahre jünger aussah und auf der Attraktivitätsskala von einer unterirdischen 2 auf eine 6 geklettert war. Sie nahm ab. Sie tat etwas für ihr Haar. Die Leiden brachten das Spinngewebe der Fältchen auf ihrem Gesicht zum Verschwinden.

Aussehen zählt. Der Platz, den jeder von uns auf der Attraktivitätsskala von 1 bis 10 einnimmt, schwankt im Laufe des Lebens ständig, aber der große Bogen ist immer der gleiche – zuerst nach oben und dann unweigerlich, wenn auch in unterschiedlichem Tempo, nach unten, bis in die Abgründe des Avernus … Ich selbst habe als holder Knabe angefangen. Alle schwärmten von meinem kastanienbraunen Schopf, meinem dunklen Teint, meinem niedlichen Gesicht. Mit zwanzig war ich schlaksig, hatte ein markantes Profil und große, grüne Augen, die weit auseinanderlagen – große, weit auseinanderliegende Augen sind attraktiver als eng beieinanderstehende Knopfaugen. Meine Beine waren gerade. So, wie Beine sein müssen – gerade. Das Haar muss dicht und glatt sein, wie meines. Ich stand gern vor dem Spiegel und sah mich an. Ich würde sagen, ich war eine 8. Das Mädchen, auf das ich ein Auge warf, war natürlich eine klare 10. Man soll schließlich nach Höherem streben. Hilfreich war dabei, dass ich einen Vater in einer gehobenen Position hatte; ich bekam das Mädchen.

Sie blieb aber nicht bei mir, sondern hat mich verlassen – wegen einer 5, einer mickrigen, farblosen 5. Und langweilig war der Kerl auch. Er ist gut im Bett, hat sie mir mal gesagt, und vielleicht sollte das heißen: anders als du. Aber da lag sie falsch. Ich weiß, worauf es im Bett ankommt. Ich habe bloß kein Talent zum Schmusen. Aber was soll's? Alle meine Frauen habe ich dadurch bekommen, dass ich nett zu ihnen war, dass ich ihnen Geschichten von meinem prominenten Vater erzählte und seinen wichtigen Posten am Ende sogar selbst übernahm, aber vor allem dadurch, dass ich kritisch guckte, sobald sie den Mund aufmachten. Diese Art Skepsis habe ich richtig kultiviert. Frauen sind verrückt nach Männern in gehobenen Positionen, die ihre Intelligenz in Zweifel ziehen und dann trotzdem nett zu ihnen sind. Eine von dieser Sorte habe ich geheiratet. Sie war übrigens eine 6, genau wie ich damals. Nachdem mich meine erste Freundin verlassen hatte, war ich auf der Attraktivitätsskala um zwei Punkte abgerutscht.

Eigentlich war meine Frau eher eine 4 – ziemlich dick, mit einem großen, unhandlichen Busen. Aber sie war Sängerin, da gehört das Dicksein zu den Berufsvoraussetzungen, und ihre Karriere war ein nicht sichtbares, aber trotzdem deutlich spürbares Plus, mit dem sie sich auf eine 6 hochschraubte. Meine Frau hat eine ganz ansehnliche Karriere gemacht. Die Leute mögen sie. Ich habe nie verstanden, warum. Meine Eltern mochten sie jedenfalls auch und damit war die Sache zwischen uns klar.

Dann passierte etwas Schreckliches. Sie stürzte sich auf die Kosmetik, sie nahm ab, sie zog sich besser an – und kam so auf eine 7, während ich mit den Jahren auf eine 4 zurücksank.

Diesen Fehler machen viele Männer – zu glauben, man könne nichts dagegen tun. Sie lassen die Zeit ihre schmutzige Arbeit verrichten. Auch ich sah untätig zu, wie mein kastanienbrauner Schopf taubengrau wurde und wie er sich nach und nach von meinem Schädeldach verabschiedete. Die restlichen Strähnen hingen mir wie ein Trauerkranz um den Kopf. Aber irgendwann holte ich mir die Kontrolle über mein Älterwerden zurück. Ich ließ mir einen Schnurrbart wachsen. Ich wollte ihn kastanienbraun färben. Es ging daneben, von nun an besuchte ich einen Schönheitssalon.

Auch in kleinen Schönheitssalons gibt es viele Frauen, aber die wenigsten von ihnen sind attraktiv. Die meisten sind über dreißig, viele noch älter. Ihr Fleisch ist schlapp. So sagte mein Vater immer. Ich habe das auch gern auf junge Frauen übertragen – „ihr Fleisch ist schlapp“ –, bei ihnen war es doppelt niederschmetternd. Jeder Mensch hat ja irgendwelche Mängel und Unvollkommenheiten, und ich hielt es für klug, neuen Bekannten von mir immer gleich zu erläutern, worin meiner Meinung nach ihre Schwächen bestanden. Bei älteren Frauen machte ich mir diese Mühe allerdings nicht. Ältere Frauen nahm ich überhaupt nicht wahr. Im Salon ließ ich mir den Schnurrbart und das Haar immer von Herrn Schulz färben und schneiden. Die Friseuse dagegen würdigte ich keines Blickes – sie war dick, mindestens fünfzig, scheußlich angezogen, und sie hatte knallrotes Haar.

Meine Frau war gerade mal wieder dabei, mich zu verlassen. Sie ist Italienerin, ein geselliger Typ, und giert nach Aufmerksamkeit. Ich hatte ihr frühzeitig gesagt, dass ich von Komplimentemacherei nichts halte. Ich geriet wegen ihrer Stimme nicht in Verzückung. Sie aber hatte leider Gottes ein unersättliches Verlangen nach Komplimenten, und sie klapperte die ganze Stadt nach Männern ab, die ihr welche machten. Für ein bisschen Lobgehudel legte sie sich mit jedem hin. Mit über vierzig war sie immer noch auf der Jagd, und ich staunte, wie viele schwache Männer es gab, die sie noch wollten. Ich nehme an, sie erlagen ihrem Gesang und der Art, wie sie auf der Bühne herumstolzierte. Eine Zeit lang war es mir egal, denn ich hatte Inge. Es machte mir sogar Spaß, meiner Frau zu signalisieren, dass Inge jung war, viel jünger. Ich legte mir einen bestimmten Blick zu, der meine Frau spüren ließ, dass sie gerade mit einer jüngeren Frau verglichen wurde und dabei den Kürzeren zog.

Inge war zweiundzwanzig, sie hatte so große, grüne Augen wie ich und war etwas unbedarft. Ich brachte ihr bei, was ich an Italienisch von meiner Frau gelernt hatte, und das beeindruckte sie. Ich begleitete sie zu Kulturveranstaltungen, lud sie auch in die Oper ein, wenn nicht gerade meine Frau sang, und brachte ihr bei, wie man sich intelligent über eine Aufführung unterhält. Dummerweise legte sie sich einen Freund zu. Er war in ihrem Alter, absolut langweilig, aber aus irgendeinem Grund gefiel er ihr; und damit war der Kuchen gegessen. Ich kam mir vor wie eine 2.

Ich konnte an gar nichts anderes mehr denken. Ich ließ die Arbeit schleifen und kümmerte mich die meiste Zeit um meinen Körper. Ich fing an zu joggen und ließ mir den Schnurrbart noch größer und dichter wachsen, sodass er eine richtige Attraktion wurde. Ich kletterte auf die 4. Aber das reichte noch längst nicht. Meine Frau sang gerade eine Hauptrolle; und die ganze Stadt sprach von ihr. Sie hatte einen neuen Liebhaber. Mit mir gab sie sich Mühe, wollte immer nett sein, aber das machte mich nur noch wütender. Um diese Zeit fiel mir dann die Veränderung bei der Friseuse auf.

Von einem auf den anderen Tag war aus ihr eine schöne Frau geworden. Sie sah aus wie dreißig, keinen Tag älter. Sie hatte stark abgenommen, konnte sich also schick anziehen, und ihrem roten Haar hatte sie einen hübschen Goldton verordnet, den es neuerdings zu kaufen gab. Herr Schulz schnitt mir das Haar; und ich sprach ihn darauf an – auf die Veränderung. Er sagte: „Ja, Frau Larson hatte einen furchtbaren Autounfall. Nachher hat sie abgenommen und sieht jetzt überhaupt viel besser aus. Manchmal wirkt Schmerz wie ein Schönheitsmittel. Sie hat auch einen neuen Freund.“

Diese Therapie wollte ich natürlich unbedingt probieren. Ich brauchte ein paar Tage, bis ich den nötigen Mut beisammen hatte. Dann tat ich es. Ich beobachtete den Verkehr. Ich suchte mir ein langsames Fahrzeug aus. Ein Schritt, und ich stand direkt vor ihm.

Als Nächstes merkte ich dann, dass ich im Krankenhaus lag. Der Wagen hatte mir eine Schulter, fünf Rippen und den Unterkiefer gebrochen. Ernsthaft bedroht war meine Gesundheit nicht und so wurde ich bald wieder in die Gesellschaft entlassen. Auf der Skala kam ich erst mal nicht mehr vor. Ich war ungefähr so attraktiv wie eine Schrottkarre und wartete auf die positive Veränderung in meinem Aussehen.

Nichts geschah. Nach einiger Zeit machte ich einen Termin im Schönheitssalon, obwohl ich mir den Schnurrbart nach dem Krankenhaus nicht mehr hatte wachsen lassen. Er hätte die hässliche, schlecht heilende Narbe neben dem Mund nur noch hervorgehoben. Das übrige Haar war inzwischen ganz weiß geworden. Es war an einem Tag im Frühsommer und die Ladentür stand offen. Drinnen sah ich die Friseusen bei der Arbeit; und ich erkannte Frau Larson. Sie war genauso dick und genauso rothaarig wie vor dem Unfall, und direkt neben ihr stand ihr junges, schlankes, blondes Double. Es gab also zwei Friseusen. Ich ergriff die Flucht. Ich fragte meine Frau, ob sie mir die Haare schneiden wolle, und sie sagte lächelnd: „Gern.“ Auch kurz nach unserer Hochzeit hatte ihr das immer viel Spaß gemacht.

Am Tag meines Unfalls hatte sie ihren neuen Liebhaber aufgegeben. Sie nahm Urlaub bei der Oper, damit sie sich um mich kümmern konnte. Sie fütterte mich mit einem Strohhalm. Mein Unterkiefer war mit Draht geflickt, sodass ich keine kritischen Bemerkungen machen konnte. Immer wenn sie in der Nähe war, kam sie ganz dicht heran, küsste mich auf die Glatze und ließ ihre Lippen einen Augenblick dort verweilen. Sie liebe mich, sagte sie, der Unfall habe es ihr klargemacht. Und ich war ihr dankbar. Meine Skepsis erschien mir jetzt nur noch lästig und überflüssig. Ich spürte, wie die Liebe zu meiner Frau wuchs.

Info

Über Irene Dische

Die amerikanische Autorin Irene Dische, geb. 1952, lebte einige Jahre in Berlin und New York. Sie hat mehrere Romane („Ein fremdes Gefühl", 1993), Kurzgeschichten-Bände („Fromme Lügen", 1989), Jugendbücher („Zwischen zwei Scheiben Glück", 1997) und – zusammen mit dem deutschen Schriftsteller Hans Magnus Enzensberger (▶ S. 92) – Libretti für Opern geschrieben.

Irene Dische (Aufnahme aus den 1990er-Jahren)

Erstes Textverständnis

1 **a** Gliedern Sie die Erzählung in mehrere Abschnitte, indem Sie Trennungsstriche in den Text eintragen und dann das Geschehen eines jeden Abschnitts am Rand in Stichworten zusammenfassen.

b Markieren Sie im Text die wichtigsten Schlüsselwörter.

2 Am Schluss der Kurzgeschichte existiert der Ich-Erzähler sozusagen „außer Konkurrenz".
Stellen Sie kurz dar, welche Konkurrenz er verlassen hat und welche Konsequenzen das für ihn hat.

____

____

____

____

Aspekte der Analyse

3 Füllen Sie die folgende Tabelle aus und klären Sie damit wesentliche Entscheidungen, die die Autorin beim Verfassen dieser Kurzgeschichte getroffen hat.

Aspekt	Darstellungsweise (erzählerische Entscheidung der Autorin)	Deutung (Darstellungsabsicht der Autorin)
Erzählperspektive	strikte Beschränkung auf die Sichtweise des Ich-Erzählers	Der Ich-Erzähler ist egozentrisch, ______ ______
Erzählhaltung	distanzierte, nüchterne, emotionslose Haltung	______ ______ ______
Handlungsebenen	Darstellung vieler äußerer Vorgänge, kaum inneres Geschehen (z. B. kein innerer Monolog)	______ ______

Aspekt	Darstellungsweise (erzählerische Entscheidung der Autorin)	Deutung (Darstellungsabsicht der Autorin)
Ausführungsgrad der Figur	eher eindimensionale Selbstdarstellung des Ich-Erzählers, Beschränkung auf wenige Aspekte der Figur	
Erzählgang	nahezu gleichmäßig voranschreitender Erzählbericht ohne szenische Entfaltungen an Stellen, die akzentuiert werden sollen	
sprachliche Besonderheiten		

Kontextualisierung

4 **a** Lesen Sie den folgenden Auszug aus einer sozialwissenschaftlichen Untersuchung.

Der Körper als Sinnstifter

Der Körper und seine Entwicklung sind die physische Grundlage unserer Existenz. Nun erreicht die Postmoderne auch ihn: Der Körper rückt in den Mittelpunkt der Sinnstiftung und damit der individuellen Lebensführung. Der Körper ist nicht mehr ein Hinzunehmendes, gar Feindliches, das allenfalls ausreichend ernährt und damit in Betrieb gehalten werden soll. Vielmehr soll er zunehmend Gegenstand der individuellen Verantwortung und Gestaltung werden, als zu bearbeitender ist er damit Teil der Bastelbiografie. Dass dies […] oft ein falscher, ein vergeblicher, ja teilweise ein inhumaner Anspruch ist, will ich […] zeigen.

b Markieren Sie in der Kurzgeschichte Passagen, in denen Sie diese sozialwissenschaftlichen Einsichten literarisch verarbeitet wiederfinden.

Analyse

5 Verfassen Sie eine schriftliche Interpretation der Kurzgeschichte. Berücksichtigen Sie darin:

- einen zentralen Aspekt des Inhalts (werkimmanente Interpretation, ▶ S. 26; Aufgaben 1 und 2),
- Zusammenhänge zwischen Inhalt und Gestaltung des Textes (werkimmanente Interpretation, ▶ S. 26, Aufgabe 3)
- sozialwissenschaftliche Bezüge der Textaussage (werkübergreifende Interpretation, s. Aufgabe 4) und
- Merkmale der Kurzgeschichte (▶ S. 18 f.).

6 **Weiterführender Schreibauftrag**

Heutzutage versuchen viele Menschen, sich über ihren Körper zu definieren. Sie machen ihr Selbstbewusstsein von der Ausstrahlung des eigenen Körpers abhängig.
Erörtern Sie kurz schriftlich die damit verbundenen Probleme, die Irene Dische zu der Kurzgeschichte „Fährnisse der Schönheit …“ verarbeitet hat.

3 Übungen: Roman

3.1 Johann Wolfgang Goethe: Die Leiden des jungen Werther (1787)

Johann Wolfgang Goethe

Am 16. Julius

Ach, wie mir das durch alle Adern läuft, wenn mein Finger unversehens den ihrigen berührt, wenn unsere Füße sich unter dem Tische begegnen! Ich ziehe zurück wie vom Feuer, und eine geheime Kraft zieht mich wieder vorwärts – mir wird's so schwindelig vor allen Sinnen. – O! Und ihre Unschuld, ihre unbefangene Seele fühlt nicht, wie sehr mich die kleinen Vertraulichkeiten peinigen. Wenn sie gar im Gespräch ihre Hand auf die meinige legt und im Interesse der Unterredung näher zu mir rückt, dass der himmlische Atem ihres Mundes meine Lippen erreichen kann: – ich glaube zu versinken, wie vom Wetter gerührt[1]. – Und, Wilhelm! Wenn ich mich jemals unterstehe, diesen Himmel, dieses Vertrauen – ! Du verstehst mich. Nein, mein Herz ist so verderbt nicht! Schwach! Schwach genug! – und ist das nicht Verderben? – Sie ist mir heilig. Alle Begier schweigt in ihrer Gegenwart. Ich weiß nie, wie mir ist, wenn ich bei ihr bin; es ist, als wenn die Seele sich mir in allen Nerven umkehrte. – Sie hat eine Melodie, die sie auf dem Klaviere spielet mit der Kraft eines Engels, so simpel und so geistvoll[2]! Es ist ihr Leiblied[3], und mich stellt es von aller Pein, Verwirrung und Grillen her, wenn sie nur die erste Note davon greift.

Kein Wort von der Zauberkraft der alten Musik ist mir unwahrscheinlich. Wie mich der einfache Gesang angreift[4]! Und wie sie ihn anzubringen weiß, oft zur Zeit, wo ich mir eine Kugel vor den Kopf schießen möchte! Die Irrung und Finsternis meiner Seele zerstreut sich und ich atme wieder freier.

[1] ***wie vom Wetter gerührt:*** *vom Blitz getroffen*

[2] ***geistvoll:*** *vergeistigt, innerlich*

[3] ***Leiblied:*** *Lieblingslied*

[4] ***angreift:*** *erfasst, berührt (vgl. „angegriffene Gesundheit")*

Info

Goethe im „Sturm und Drang"

Titelblatt (Frontispiz) der Erstausgabe 1774

In seinem Briefroman „Die Leiden des jungen Werthers" (unter diesem Titel erstmals erschienen 1774, hier abgedruckt in der zweiten Fassung von 1787) greift Johann Wolfgang Goethe (1749–1832) eigene Erfahrungen auf. Seine Liebe zu Charlotte Buff fließt in die Geschichte des jungen Werther ein, der sie in Briefen an seinen Freund Wilhelm erzählt. Werther fühlt sich zunächst in Lottes Nähe überaus glücklich, scheitert schließlich jedoch an der Absolutsetzung seiner Gefühle und der Unmöglichkeit, diese Gefühle sozial auszuleben. Werther erschießt sich.

Die radikale Subjektivität des Erzählers wird zwar im zweiten Teil durch die Kommentare eines fiktiven Herausgebers (und einige distanzierende Änderungen Goethes in der zweiten Ausgabe 1787) gemildert; dennoch traf der Roman in seinem empfindsam-subjektiven Ton und der leidenschaftlich-emotionalen Sprache die Stimmung der jungen Generation im späten 18. Jahrhundert. Radikale Subjektivität, Reflexivität und die pantheistische Beseelung der Natur, Kritik an gesellschaftlichen Normen und Konventionen – das sind die Themen der „Empfindsamkeit" und des „Sturm und Drang", wie Literaturhistoriker im Rückblick diese Schaffensperioden etikettierten. Der „Werther" wurde zu einem Bestseller und Kultbuch, das die Zeitgenossen polarisierte und neben begeisterter Nachahmung auch schärfsten Widerspruch erfuhr.

Neben den Motiven der unglücklichen Liebe und des Selbstmords, der Literatur- und Kunstbegeisterung sowie der hochsensiblen Selbstwahrnehmung kennzeichnet auch die stilisierte Sprache der Empfindung und Gefühlswahrnehmung Goethes erfolgreichstes Jugendwerk.

Erstes Textverständnis

1 **a** Beschreiben Sie, wie sich Ihnen Werther in diesem Brief zeigt. Beachten Sie dabei

seine äußere Situation: ______

______

seine emotionale Befindlichkeit: ______

______

b Halten Sie in eigenen Worten fest, welche Vorausdeutungen der Brief enthält.

______

______

2 **a** Manche Formulierungen sind uns sprachlich fern und heute schwer nachvollziehbar. Versuchen Sie, eine angemessene moderne Ausdrucksweise zu finden und dadurch die historische Distanz sprachlich zu verringern.

1., Z. 1; „wie mir das durch alle Adern läuft“: ______

2., Z. 6–7; „ihre Unschuld, ihre unbefangene Seele fühlt nicht“: ______

3., Z. 19–20; „Alle Begier schweigt in ihrer Gegenwart“: ______

b Klären Sie weitere Ihnen unbekannte Begriffe oder Wendungen, sofern notwendig.

3 Versetzen Sie sich in die Rolle des Adressaten (Wilhelm) und fassen Sie in Ihrer Kursmappe aus der Außenperspektive zusammen, was Werther in diesem Brief mitteilt.

Aspekte der Analyse

4 **a** Der Text ist die vollständige Wiedergabe eines Briefes, den Werther an seinen Freund Wilhelm schreibt. Dennoch wirkt er eher wie ein Tagebucheintrag. Arbeiten Sie die Merkmale heraus, die diese Wirkung erzielen:

Briefmerkmale: ______

______

Tagebuchmerkmale: ______

______

b Welche Funktion hat Wilhelm, wie ist die Rolle Werthers zu deuten? Achten Sie auf typische Briefelemente, kommunikative Bezüge sowie sprachliche Aspekte und begründen Sie Ihre Antwort.

______

______

______

______

______

5 **a** Nehmen Sie eine Bewertung vor: Zeugt der Brief von Fantasie und Wunschdenken oder von Beschreibungsrealismus? Sammeln Sie charakteristische Textbelege und erläutern Sie diese.

„wie mir das durch alle Adern läuft" (Z. 1)	subjektive Wahrnehmung/Reaktion
„(sie) fühlt nicht" (Z. 7)	
„kleine Vertraulichkeiten" (Z. 8)	

b Machen Sie weitere Aspekte deutlich, die von der Subjektivität des Ich-Erzählers zeugen.

Wiederholung der Pronomina „ich", „mein"	
Satzbau	
Satzzeichen	

Zusammenführende Deutung

6 Prüfen Sie unter Anwendung der ▶ analytischen Begriffe (▶ S. 18–19) den Brief Werthers auf seine Stimmung. Klären Sie die Erzählstandorte: Wie verhalten sich erlebendes und erzählendes Ich zueinander? Sammeln Sie dazu zunächst Belege im Text, deuten Sie diese und schreiben Sie eine zusammenhängende Deutung zu diesem Aspekt in Ihre Kursmappe.

Z. 16: „Nein, mein Herz ist so verderbt nicht!"	Distanzsignal: Urteil über das eigene Verhalten

Tipp

Systematische Überprüfung und Zusammenfassung

Überprüfen Sie während der Arbeit Ihren Erkenntnisfortschritt:
- Sichten Sie Ihre bisherigen Arbeitsschritte und lesen Sie den Brief erneut.
- Ergänzen und korrigieren Sie einzelne Ergebnisse.
- Formulieren Sie Ihren Leseeindruck gegebenenfalls neu, am besten in Stichwörtern schriftlich.

Die Differenz zwischen beiden zeigt Ihnen Fortschritte und macht Sie methodisch sicherer.

Kontextualisierung

Der Briefroman zeichnet eine Entwicklung nach, die sich über fast zwei Jahre hinweg vollzieht. Manche Eigenheiten werden erst deutlich, wenn man sie vor dem Hintergrund anderer Textpassagen betrachtet, im Folgenden darum zwei Auszüge aus weiteren Briefen:

Am 21. Junius.
Ich lebe so glückliche Tage, wie sie Gott seinen Heiligen ausspart; und mit mir mag werden, was will, so darf ich nicht sagen, dass ich die Freuden, die reinsten Freuden des Lebens nicht genossen habe. - Du kennst mein Wahlheim; dort bin ich völlig etabliert, von da habe ich nur eine halbe Stunde zu Lotten, dort fühl' ich mich selbst und alles Glück, das dem Menschen gegeben ist. [...]

Am 3. November.
Weiß Gott! ich lege mich so oft zu Bette mit dem Wunsche, ja manchmal mit der Hoffnung, nicht wieder zu erwachen: und morgens schlage ich die Augen auf, sehe die Sonne wieder und bin elend. O dass ich launisch sein könnte, könnte die Schuld aufs Wetter, auf einen Dritten, auf eine fehlgeschlagene Unternehmung schieben, so würde die unerträgliche Last des Unwillens doch nur halb auf mir ruhen. Wehe mir! ich fühle zu wahr, dass an mir allein alle Schuld liegt - nicht Schuld! Genug, dass in mir die Quelle alles Elendes verborgen ist, wie ehemals die Quelle aller Seligkeiten. Bin ich nicht noch eben derselbe, der ehemals in aller Fülle der Empfindung herumschwebte, dem auf jedem Tritte ein Paradies folgte, der ein Herz hatte, eine ganze Welt liebevoll zu umfassen? Und dies Herz ist jetzt tot, aus ihm fließen keine Entzückungen mehr, meine Augen sind trocken, und meine Sinne, die nicht mehr von erquickenden Tränen gelabt werden, ziehen ängstlich meine Stirn zusammen. Ich leide viel, denn ich habe verloren, was meines Lebens einzige Wonne war, die heilige belebende Kraft, mit der ich Welten um mich schuf; sie ist dahin! - [...]

7 Vergleichen Sie die Briefpassagen vom 21. 6. [1771] und 3. 11. [1772] in motivischer, gedanklicher und sprachlicher Hinsicht mit dem Brief vom 16. 7. [1771], ► S. 28. Achten Sie besonders auf die Stimmung, Merkmale des Wortfeldes „Verlust", den Satzbau und die Beziehung zwischen erlebendem und erzählendem Ich.

Beobachtungen zum Brief vom 21. Juni : ______________________

____

Beobachtungen zum Brief vom 3. November: ______________________

____

Analyse

8 Arbeiten Sie Ihre Analyse schriftlich aus. Ziehen Sie Ihre Arbeitsergebnisse zum Kontext aus Aufgabe 7 heran. Verwenden Sie passende Zitate.

9 **Weiterführender Schreibauftrag**

Im Sinne der literarischen Verarbeitung wirkt die Reduktion des Romans auf die Briefe Werthers als Steigerung seiner selbstzerstörerischen Subjektivität. Ein Blick von außen kann diese Kommunikationsschwäche sichtbar machen.

a Schreiben Sie den Brief an Wilhelm als Brief an Lotte um. Was müssen Sie ändern, was können Sie beibehalten? Beachten Sie die Ebenen „Inhalt" (sprechen über) und „Beziehung" (sprechen zu).

b Stellen Sie die Szene im Brief aus der Sicht Lottes als Tagebucheintrag dar. Beachten Sie folgende Aspekte:
- Wahrnehmungen, die Lotte anders akzentuieren könnte: Körpersprache – Annäherung – Berührung – Attribute (Adjektive, Verben, Substantive der Beschreibung) – die Funktion der Musik/des Klavierspiels
- Vorstellungen/Fantasien, die sie mit Werthers Nähe verbindet

3.2 Theodor Fontane: Effi Briest (1894/95)

Max Wiese (1846–1925): Fontane-Denkmal in dessen Geburtsstadt Neuruppin/ Brandenburg

Info

Effi Briest – ein Zeitroman des Realismus

Theodor Fontane (1819–1898) entwickelte im Alter in seinen berühmten Gesellschaftsromanen einen realistischen Stil, der durch bloße Beobachtung und die Wiedergabe von Vorgängen und Gesprächen Missstände und Fehlverhalten sichtbar werden lässt. Sein Roman Effi Briest (entstanden zwischen 1888 und Mai 1894, erschienen zuerst 1894/95 in der Deutschen Rundschau) zeigt, welch zerstörerische Macht gesellschaftliche Normen entwickeln können, wenn ihnen blind Geltung zugestanden wird. Fontane gestaltet im Kern einen Vorgang, der sich wenige Jahre zuvor tatsächlich ereignet hatte. Insofern ist Effi Briest auch ein Schlüssel- oder Zeitroman.

Schon bald nach ihrer Heirat mit dem mehr als doppelt so alten Baron Geert von Innstetten leidet die temperamentvolle 17-jährige Effi unter der Nachlässigkeit und Routine, mit der dieser ihr begegnet. Nach der Geburt ihrer Tochter Annie und einem sechswöchigen Aufenthalt bei ihren Eltern in Hohen-Cremmen kehrt sie zu ihrem Mann nach Kessin zurück. – Das folgende Gespräch entwickelt mit Anspielungen und Vorausdeutungen ihr Verhältnis und bereitet auf die verhängnisvolle Liebesbeziehung zwischen dem kurz zuvor eingeführten Bezirkskommandanten Major von Crampas und Effi vor.

Theodor Fontane

Effi Briest

Effi hatte sich in einen Schaukelstuhl gelehnt und sagte, während sie das Kaffeebrett von der Seite her ihrem Manne zuschob: „Geert, du könntest heute den liebenswürdigen Wirt machen; ich für mein Teil find es so schön in diesem Schaukelstuhl, dass ich nicht aufstehen mag. Also strenge dich an, und wenn du dich recht freust, mich wieder hier zu haben, so werd ich mich auch zu revanchieren wissen." Und dabei zupfte sie die weiße Damastdecke zurecht und legte ihre Hand darauf, die Innstetten nahm und küsste.

„Wie bist du nur eigentlich ohne mich fertig geworden?"

„Schlecht genug, Effi."

„Das sagst du so hin und machst ein betrübtes Gesicht und ist doch eigentlich alles nicht wahr."

„Aber Effi …."

„Was ich dir beweisen will. Denn wenn du ein bisschen Sehnsucht nach deinem Kinde gehabt hättest – von mir selber will ich nicht sprechen, was ist man am Ende solchem hohen Herrn, der so lange Jahre Junggeselle war und es nicht eilig hatte …"

„Nun?"

„Ja, Geert, wenn du nur ein bisschen Sehnsucht gehabt hättest, so hättest du mich nicht sechs Wochen mutterwindallein[1] in Hohen-Cremmen sitzen lassen wie eine Witwe, und nichts da als Niemeyer und Jahnke[2] und mal die Schwantikower. Und von den Rathenowern[3] ist niemand gekommen, als ob sie sich vor mir gefürchtet hätten oder als ob ich zu alt geworden sei."

„Ach, Effi, wie du nur sprichst. Weißt du, dass du eine kleine Kokette bist?"

„Gott sei Dank, dass du das sagst. Das ist für euch das Beste, was man sein kann. Und du bist nichts anderes als die anderen, wenn du auch so feierlich und ehrsam tust. Ich weiß es recht gut, Geert … Eigentlich bist du …"

„Nun, was?"

„Nun, ich will es lieber nicht sagen. Aber ich kenne dich recht gut; du bist eigentlich, wie der Schwantikower Onkel mal sagte, ein Zärtlichkeitsmensch und unterm Liebesstern geboren, und Onkel Belling hatte ganz recht, als er das sagte. Du willst es bloß nicht zeigen und denkst, es schickt sich nicht und verdirbt einem die Karriere. Hab ich's getroffen?"

Innstetten lachte. „Ein bisschen getroffen hast du's. Weißt du was, Effi, du kommst mir ganz anders vor. Bis Anniechen da war, warst du ein Kind. Aber mit einem Mal …"

„Nun?"

„Mit einem Mal bist du wie vertauscht. Aber es steht dir, du gefällst mir sehr, Effi. Weißt du was?"

„Nun?"

„Du hast was Verführerisches."

[1] **mutterwindallein:** *Ausdruck Fontanes für „mutterseelenallein"*
[2] **Niemeyer** *ist Pastor,* **Jahnke** *Kantor in Hohen-Cremmen*
[3] **Schwantikow, Rathenow:** *Landsitze bei Hohen-Cremmen*

„Ach, mein einziger Geert, das ist ja herrlich, was du da sagst; nun wird mir erst recht wohl ums Herz … Gib mir noch eine halbe Tasse … Weißt du denn, dass ich mir das immer gewünscht habe? Wir müssen verführerisch sein, sonst sind wir gar nichts …“

„Hast du das aus dir?“

„Ich könnt es wohl auch aus mir haben. Aber ich hab es von Niemeyer …“

„Von Niemeyer! O du himmlischer Vater, ist das ein Pastor. Nein, solche gibt es hier nicht. Aber wie kam denn der dazu? Das ist ja, als ob es irgendein Don Juan oder Herzensbrecher gesprochen hätte.“

„Ja, wer weiß“, lachte Effi … „Aber kommt da nicht Crampas? Und vom Strand her. Er wird doch nicht gebadet haben? Am 27. September …“

„Er macht öfter solche Sachen. Reine Renommisterei[4].“

Derweilen war Crampas bis in nächste Nähe gekommen und grüßte.

„Guten Morgen“, rief Innstetten ihm zu. „Nur näher, nur näher.“

Crampas trat heran. Er war in Zivil und küsste der in ihrem Schaukelstuhl sich weiter wiegenden Effi die Hand. „Entschuldigen Sie mich, Major, dass ich so schlecht die Honneurs des Hauses mache; aber die Veranda ist kein Haus und zehn Uhr früh ist eigentlich gar keine Zeit. Da wird man formlos oder, wenn Sie wollen, intim. Und nun setzen Sie sich und geben Sie Rechenschaft von Ihrem Tun. Denn an Ihrem Haar (ich wünschte Ihnen, dass es mehr wäre) sieht man deutlich, dass Sie gebadet haben.“

Er nickte.

„Unverantwortlich“, sagte Innstetten, halb ernst-, halb scherzhaft.

[4] ***Renommisterei:*** *Angeberei*

Erstes Textverständnis

1 **a** Lesen Sie den Text mehrfach. Achten Sie dabei auf Erzähl- und Dialogpassagen.

b Markieren Sie Schlüsselwörter im Text, an denen Einstellung und Erwartungshaltung der Eheleute sichtbar werden.

2 Formulieren Sie in eigenen Worten das Thema des Gesprächs.

____

____

____

Aspekte der Analyse

3 Skizzieren Sie in weiteren Adjektiven und Partizipien, wie die Figuren gekennzeichnet werden.

Effi: höflich, selbstbewusst, ____________________

Innstetten: defensiv, ____________________

Crampas: ____________________

4 **a** Das Gespräch zwischen den Eheleuten offenbart einen Beziehungskonflikt.
Bereits zu Beginn des Gesprächs äußert Effi eine Rollenerwartung. Beschreiben Sie diese in Ihrer Kursmappe:

b Beschreiben Sie ebenfalls in Ihrer Kursmappe die Erwartung, die Innstetten an seine Frau richtet.

c Vervollständigen Sie die folgende Grafik in Ihrer Kursmappe, indem Sie die Beziehungen zwischen den Figuren eintragen.

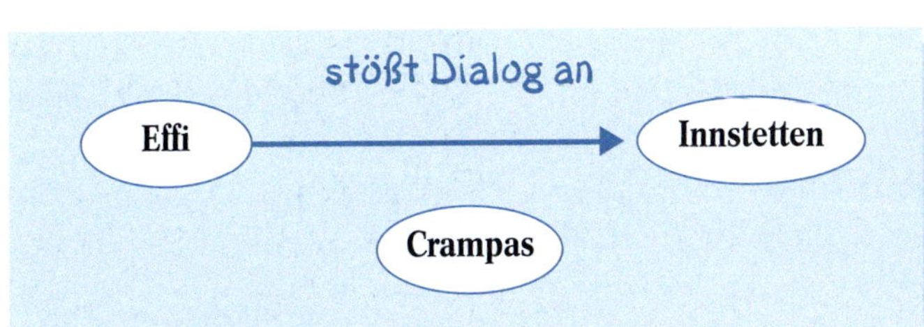

Info

Aspekte der Kommunikation

Paul Watzlawick (*1921), Psychotherapeut und Kommunikationsforscher, hat bei der Analyse von Kommunikationsstörungen folgende Grundregeln kommunikativer Beziehungen festgestellt:

- Es ist unmöglich, nicht zu kommunizieren.
- Kommunikation kann symmetrisch („auf Augenhöhe", partnerschaftlich) und komplementär (mit „Gefälle", hierarchischen Rollen) sein.
- Kommunikation hat verbale und nonverbale Bestandteile.
- Kommunikation findet immer verbal (digital) und nonverbal (analog) statt.
- Diese Aspekte der Kommunikation können (gleichzeitig) widersprüchlich sein.
- In einer „Metakommunikation" kann die Kommunikationssituation selbst zum Thema gemacht werden.

5 Crampas spricht im abgedruckten Textausschnitt nicht, aber er „kommuniziert" gleichwohl. Bestimmen Sie unter Bezug auf Watzlawick (▶ Infoblock oben) seine Kommunikationsform und -absicht.

____

____

6 **a** Die Begegnung ist entwickelt wie eine dramatische Szene. Beschreiben und gliedern Sie diese Szene ähnlich dem folgenden Beispiel in Ihrer Kursmappe wie einen Dramenauszug.

EFFI BRIEST, 17 Jahre alt, Ehefrau von Baron von Innstetten, ...

BARON GEERT VON INNSTETTEN, ...

MAJOR VON CRAMPAS, ...

Ort der Handlung ist das Gut Kessin in Brandenburg.

EFFI (im Schaukelstuhl sitzend): ...

...

b Deuten Sie die Dramaturgie der Gesprächsführung in Ihrer Kursmappe.

Der Schriftsteller Burkhard Spinnen hat einmal über Fontane gesagt: „Fontane ist ein Meister darin, den Stoff und seine Gestaltung eins werden zu lassen. Jeder seiner Sätze ist ein offenbares Geheimnis."
Der „Realismus" Fontanes besteht nicht in einer detaillierten Beschreibung, sondern in der raffinierten Verknüpfung von Motiven, sprachlichen Äußerungen und Handlungselementen zu einem Verweisungszusammenhang, den der Leser aufgreift und deutend auf den Romankontext bezieht. Sie können diese Zusammenhänge sichtbar machen, indem Sie solche Verknüpfungen herausarbeiten.

7 Zeigen Sie an Beispielen, wie Fontane dem Text Doppelbedeutungen unterlegt.

Z. 1–3: „Effi hatte sich in einen Schaukelstuhl gelehnt und sagte, während sie das Kaffeebrett von der Seite her ihrem Manne zuschob"	Das Schaukelmotiv zeigt die Bewegungs- und Lebenslust Effis, aber auch ihr Schwanken, ihren unsicheren Stand. Hier wird mit dem Eingangsmotiv des Schaukelns (1. Kap.) auch die innere Unruhe Effis aufgegriffen. Indem sie Geert das Kaffeebrett zuschiebt, ist sie initiativ und übergibt ihrem Mann gleichzeitig einen Auftrag sowie Verantwortung.
Z. 7 f.: „wenn du dich recht freust, mich wieder hier zu haben, so werd ich mich auch zu revanchieren wissen"	konditionale Formulierung (vgl. Z. 26); dadurch entsteht so etwas wie ein Vertrag, eine Vereinbarung auf Wechselseitigkeit. Ehe lebt von gegenseitigen Bemühungen um die Beziehung.

Z. 15 f.: „Das sagst du so hin und machst ein betrübtes Gesicht und ist doch eigentlich alles nicht wahr."	Widerspruch zwischen analoger und digitaler Kommunikation: ___
Z. 18 f.: „wenn du ein bisschen Sehnsucht nach deinem Kinde gehabt hättest"	Doppelbedeutung Kind: ___
Z. 42 f.: „ein Zärtlichkeitsmensch und unterm Liebesstern [...] Karriere"	Widerspruch zwischen ___ ___
Z. ___ : „___ ___"	Zusammenhang des Verführungsmotivs mit ___ ___
Z. 75 f.: „[...] Crampas bis in nächste Nähe gekommen und grüßte. – „Guten Morgen", rief Innstetten ihm zu. „Nur näher, nur näher."	___ ___ Funktion: Vorausdeutung (u. a. Rolle des Wassers)

Kontextualisierung

8 **a** Bevor Sie Ihre Arbeit zu Papier bringen, sollten Sie Ihre Ergebnisse an anderen Romanstellen überprüfen. Trifft die Charakterisierung der Personen zu? Wie entfalten sich die Handlungsstränge und Motive im Verlauf des Romans?

b Zum Vergleich bieten sich auch die Briefe Effis, etwa von der Hochzeitsreise (5. Kapitel), oder die Passage vor der Entdeckung der Briefe an (Schluss des 26. Kapitels).

Analyse

9 Verfassen Sie nun eine vollständige schriftliche Analyse.

10 **Weiterführender Schreibauftrag**

Vergleichen Sie den Anlass und Effis Analyse ihrer Beziehungssituation mit der der Figur Lene im **Roman „Irrungen, Wirrungen"**. Wenn Sie den Roman nicht kennen, können Sie den Handlungszusammenhang in einem Literaturlexikon nachschlagen.
Der folgende Textauszug entstammt einem Dialog zwischen der Pflegetochter einer Wäscherin, Lene Nimptsch, und dem Adligen Botho von Rienäcker zu Beginn ihrer kurzen Liebesbeziehung (5. Kapitel).

„Wie du mich verkennst. Glaube mir, dass ich dich habe, diese Stunde habe, das ist mein Glück. Was daraus wird, das kümmert mich nicht. Eines Tages bist du weggeflogen ..."
Er schüttelte den Kopf.
„Schüttle nicht den Kopf; es ist so, wie ich sage. Du liebst mich und bist mir treu, wenigstens bin ich in meiner Liebe kindisch und eitel genug, es mir einzubilden. Aber wegfliegen wirst du, das seh ich klar und gewiss. Du wirst es müssen. Es heißt immer, die Liebe mache blind, aber sie macht auch hell und fernsichtig."
„Ach, Lene, du weißt gar nicht, wie lieb ich dich habe."
„Doch, ich weiß es. Und weiß auch, dass du deine Lene für was Besondres hältst und jeden Tag denkst, wenn sie doch eine Gräfin wäre. Damit ist es nun aber zu spät, das bring ich nicht mehr zuwege. Du liebst mich und bist schwach. Daran ist nichts zu ändern. Alle schönen Männer sind schwach und der Stärkre beherrscht sie ... Und der Stärkre ... ja, wer ist dieser Stärkre? Nun entweder ist's deine Mutter oder das Gerede der Menschen oder die Verhältnisse. Oder vielleicht alles drei ..."

Beschreiben Sie, welche Ursachen für das Scheitern der Beziehungen im Roman „Effi Briest" und welche in „Irrungen, Wirrungen" angedeutet werden.

- Berücksichtigen Sie, was über die eigenen Liebesvorstellungen und die der Gesellschaft gesagt wird.
- Gehen Sie auf die Rollenverteilung ein, die in den Gesprächen sichtbar wird.
- Beurteilen Sie abschließend die beiden Beziehungssituationen aus heutiger Sicht.

3.3 Joseph von Eichendorff: Aus dem Leben eines Taugenichts (1826)

Info

Romantik

Franz Kugler (1808–1858): Joseph von Eichendorff (1832)

Die literarische Epoche der Romantik, etwa von 1795 bis 1840, betont das Gefühl als eine wichtige menschliche Fähigkeit. Die romantischen Autoren begegnen der Welt nicht mehr so sehr vernünftig-zweckvoll wie in vorhergehenden Epochen, sondern mit einem möglichst intensiven Erleben. Zentrales romantisches Motiv ist die Sehnsucht, die oft mit einem Blick in die Ferne, z. B. auf Flüsse und Wälder, verbunden ist. Andere Topoi (griech. Topos = Ort) für romantisches Empfinden sind z. B. Gärten oder Mühlen mit ihren von Bächen durchströmten Mühlrädern, die sich in der Ferne verlieren.

„Aus dem Leben eines Taugenichts“, verfasst von Freiherr Joseph von Eichendorff (1788–1857), erschien 1826. Der Roman thematisiert das Lebensgefühl der Spätromantik: die Sehnsucht nach Aufbruch, Freiheit und Natur (im Motiv der Künstlerexistenz), aber auch die Erfahrung der bürgerlichen Beschränktheit sowie der politischen Enge und Einengung. Das zentrale Motiv der Reise in die Welt (gipfelnd im Romerlebnis) versinnbildlicht gleichzeitig den Weg ins Erwachsenwerden.

Nach seinem unvermittelten Aufbruch von der väterlichen Mühle wird der Ich-Erzähler unversehens zum Zolleinnehmer in einem Schloss, wo er von ferne auch seine „schöne gnädige Frau“ verehrt.

Joseph von Eichendorff

Aus dem Leben eines Taugenichts

Seit diesem Abend hatte ich weder Ruh noch Rast mehr. Es war mir beständig zu Mute wie sonst immer, wenn der Frühling anfangen sollte, so unruhig und fröhlich, ohne dass ich wusste, warum, als stünde mir ein großes Glück oder sonst etwas Außerordentliches bevor. Besonders das fatale[1] Rechnen wollte mir nun erst gar nicht mehr von der Hand, und ich hatte, wenn der Sonnenschein durch den Kastanienbaum vor dem Fenster grüngolden auf die Ziffern fiel, und so fix vom Transport bis zum Latus[2] und wieder hinauf und hinab addierte, gar seltsame Gedanken dabei, sodass ich manchmal ganz verwirrt wurde und wahrhaftig nicht bis drei zählen konnte. Denn die Acht kam mir immer vor wie meine dicke eng geschnürte Dame mit dem breiten Kopfputz[3], die böse Sieben war gar wie ein ewig rückwärtszeigender Wegweiser oder Galgen. – Am meisten Spaß machte mir noch die Neun, die sich mir so oft, eh ich michs versah, lustig als Sechs auf den Kopf stellte, während die Zwei wie ein Fragezeichen so pfiffig dreinsah, als wollte sie mich fragen: Wo soll das am Ende noch hinaus mit dir, du arme Null? Ohne sie, diese schlanke Eins und Alles, bleibst du doch ewig nichts!

Auch das Sitzen draußen vor der Tür wollte mir nicht mehr behagen. Ich nahm mir, um es kommoder[4] zu haben, einen Schemel mit heraus und streckte die Füße darauf, ich flickte ein altes Parasol[5] vom Einnehmer und steckte es gegen die Sonne wie ein chinesisches Lusthaus[6] über mich. Aber es half nichts. Es schien mir, wie ich so saß und rauchte und spekulierte, als würden mir allmählich die Beine immer länger vor Langeweile und die Nase wüchse mir vom Nichtstun, wenn ich so stundenlang an ihr heruntersah. Und wenn denn manchmal noch vor Tagesanbruch eine Extrapost[7] vorbeikam und ich trat halb verschlafen in die kühle Luft hinaus, und ein niedliches Gesichtchen, von dem man in der Dämmerung nur die funkelnden Augen sah, bog sich neugierig zum Wagen hervor und bot mir freundlich einen guten Morgen, in den Dörfern aber ringsumher krähten die Hähne so frisch über die leise wogenden Kornfelder herüber, und zwischen den Morgenstreifen hoch am Himmel schweiften schon einzelne zu früh erwachte Lerchen, und der Postillon nahm dann sein Posthorn und fuhr weiter und blies und blies – da stand ich lange und sah dem Wagen nach, und es war mir nicht anders, als müsst ich nur sogleich mit fort, weit, weit in die Welt. –

1 **fatal:** *eigentlich: schicksalhaft; hier etwa: verflixt, ärgerlich*
2 **Transport … Latus:** *alte Begriffe der Handelssprache (Gesamtaddition und Seitenübertrag)*
3 **Kopfputz:** *Haartracht, Kopfschmuck*
4 **kommod:** *(Adj., lat.) bequem*
5 **Parasol:** *(lat.-frz.) Sonnenschirm*
6 **Lusthaus:** *Vergnügungspavillon im chinesischen Stil; im 18. Jh. beliebtes Architekturelement barocker Schlossanlagen*
7 **Extrapost:** *außerhalb des üblichen Plans verkehrende Postkutsche*

Erstes Textverständnis

1 **a** Fassen Sie in einem Satz zusammen, welchen Eindruck Sie nach dem ersten Lesen haben.

b Markieren Sie in unterschiedlichen Farben die Elemente der äußeren Handlung und des inneren Geschehens.
c Beschreiben Sie mit eigenen Worten die Stimmung, die der Romanausschnitt wiedergibt. Berücksichtigen Sie Ihre Beobachtungen aus Aufgabe 1 b.

2 Geben Sie den Inhalt des Textes wieder. Gehen Sie auf die Stimmung ein, aus der heraus das erzählende Ich schreibt.

Der Taugenichts befindet sich in einer Stimmung

Schließlich begreift er das Signal des Postkutschers als Aufforderung

Aspekte der Analyse

Info

Die Ich-Erzählform als Ausdruck von Subjektivität und Reflexivität

Der Ich-Erzähler macht sich selbst zum Gegenstand des Erzählens, er ist zugleich erlebendes Ich und erzählendes Ich. Diese Form des personalen Erzählverhaltens (► S. 18 f.), die Innensicht, erzeugt beim Leser ein Gefühl besonderer Nähe zum Ich-Erzähler, oft eine Identifikation. Andererseits kann die zwischen hoher Reflexivität (erzählendes Ich) und betonter Naivität (erlebendes Ich) schwankende Subjektivität auch Anlass zu kritischer Rezeption geben.

3 **a** Finden Sie Textbelege für die subjektive Sicht des Ich-Erzählers.
b Arbeiten Sie die folgende Tabelle in Ihrer Kursmappe aus, indem Sie Textbelege für die subjektive Sicht des Ich-Erzählers ergänzen und deren Bedeutung für das Erzähl-Ich notieren.

Textbeleg	**Bedeutung für das Erzähl-Ich** (Sachebene, ► S. 9)
„hatte ich weder Ruh noch Rast" (Z. 1)	Ausdruck innerer Unruhe, der Unzufriedenheit, Erwartung
„es war mir beständig zu Mute … so unruhig und fröhlich" (Z. 2 f.)	
„ganz verwirrt wurde" (Z. 13)	
…	

Die Zwiespältigkeit der Stimmung wird durch Merkmale der Semantik (Wortbedeutung) und auch durch Modalität, Satzbau und Metaphorik erzeugt.

4 Erläutern Sie die Funktion der Modalität (des Konjunktivs) am Beispiel der Zeilen 5, 32 und 49. Prüfen Sie dazu deren Wirkung im Text.

5 **a** Klären Sie die Funktion der Metaphern „Berufsarbeit" (Rechnen) und „Fantasie" (Z. 6–24). Berücksichtigen Sie dabei Erzählform und -verhalten: Handelt es sich um ein reales (Bericht) oder um ein fiktives Geschehen (Vorstellung)?

b Überprüfen Sie das Verhältnis zwischen realen Rahmenbedingungen und innerer Vorstellung im zweiten Abschnitt (Z. 25–31): „Sitzen … wollte nicht mehr behagen"; „Schemel für die Füße, Sonnenschirm … half nichts". Skizzieren Sie mit eigenen Worten, was mit welcher Wirkung entgegengesetzt wird.

6 **a** Beschreiben Sie stichwortartig den Satzbau, indem Sie jeweils die ersten beiden Sätze beider Abschnitte vergleichen.

b Untersuchen Sie die Funktion des Satzbaus für die Darstellung der Gefühlslage des Taugenichts und halten Sie das Ergebnis Ihrer Analyse in zwei bis drei Sätzen fest.

Kontextualisierung

Info

Romantik – eine literaturgeschichtliche Einordnung

Die literarische Strömung der Romantik ist Teil einer kulturellen Umbruchsituation im Modernisierungsprozess. Sie geht hervor aus einer radikalen Kritik der Zustände am Ende des 18. Jahrhunderts und widmet sich dem Versuch einer umfassenden Neuorientierung. Die Utopien, die der Macht der Verhältnisse entgegengestellt werden, sind jedoch nicht durchsetzbar. Oft werden sie nicht einmal zu Ende gedacht und gestaltet. Romantik trägt dieses Scheitern an den Verhältnissen immer schon in sich. Mit der Romantik stellt sich erstmals eine Kunstrichtung gegen die Erklärungs- und Deutungszusammenhänge der politischen, wissenschaftlichen und gesellschaftlichen Wirklichkeit. Romantisches Denken lehnt es ab, den Menschen und seine Lebenszusammenhänge als vernünftiges, rational erklär- und modellierbares System anzusehen. Das habe die Menschen zu unbedeutenden mechanischen Bauteilen einer gewaltigen Maschine gemacht, die die Lebensformen der Natur und des frei wirkenden Geistes zerstöre. Im Gegensatz zur wirklichkeitsorientierten Wissenschaftlichkeit der Aufklärung und der in sich selbst abgeschlossen ruhenden (autonomen) ästhetischen Modellbildung der Klassik konzentriert sich die romantische Literatur auf eine Sehnsucht, die letztlich unerfüllbar bleibt. Sie ist die Zuspitzung einer Kritik, die sich aus der aufgeklärten Skepsis herausbildet, sowie die Betonung einer Eigenständigkeit der Kunst, wie sie auch die Klassik behauptet. Aus dem Eingeständnis, dass Ursprünge und Ziele der Glücksvorstellungen vielleicht jenseits des für Menschen Fassbaren liegen, folgt das Festhalten an der Sehnsucht. Sehnsucht und Suche bedeuten für viele Romantiker den eigentlichen Inhalt ihres Denkens, literarischen Schaffens und sogar persönlichen Lebens.

7 **a** Prüfen Sie unter Berücksichtigung der vorangegangenen literaturwissenschaftlichen Epochenbeschreibung der Romantik Ihre Arbeitsergebnisse.
b Begründen Sie in wenigen Sätzen die Zuordnung des „Taugenichts" zu dieser Epoche.

Analyse

8 Arbeiten Sie Ihre Analyse schriftlich aus: Überprüfen Sie Ihren ersten Leseeindruck. Berücksichtigen Sie Ihre Ergebnisse zum Thema, zum Inhalt, zur sprachlichen Struktur und zur „Botschaft" des Textes. Achten Sie auf eine angemessene Darstellung des Zusammenhangs von Textinhalt und -form.

9 **Weiterführender Schreibauftrag**

Ziehen Sie vergleichend die Zeichnung „Wanderschaft" von Ludwig Richter (1803–1884) heran, die ebenfalls der Kunstepoche „Romantik" zugeordnet wird.
Arbeiten Sie Parallelen zwischen Eichendorffs Text und Richters Zeichnung im Hinblick auf **Thema, Motive, Gestaltung** und **Intention** heraus.

Hinweise zur Bearbeitung eines Auszugs aus Hermann Hesses „Steppenwolf", der ein vergleichbares Thema bietet, finden Sie im Lösungsheft ▶ S. 11.

Ludwig Richter: Wanderschaft. Holzschnitt zu Eichendorffs „Wem Gott will rechte Gunst erweisen", erschienen in Richters „Familienhausbuch" (1859)

3.4 Max Frisch: Homo faber (1957)

Max Frisch (Foto undatiert)

Max Frischs (1911–1991) Roman „Homo faber“ ist ein „Bericht“ (so der Untertitel) als Lebensbeichte. Der Ingenieur Walter Faber muss erleben, dass sein Leben keine planvolle, berechenbare Größe ist, sondern eine Verkettung von „Zufällen“ und Begegnungen, die ihn beglücken, aber auch schuldig machen. Rückblickend aus zwei Krankenstationen geschrieben, erzählt er in der Ich-Form des Tagebuchs rückwirkend-analytisch seine Lebensgeschichte. Und von Anfang an werden die Widersprüche sichtbar, die ihn beherrschen: zwischen Natur und Technik, zwischen Plan und Schicksal, zwischen Beruf und Beziehung. Dass er seine eigene Tochter Sabeth trifft (von der er glaubte, sie sei von seiner damaligen Verlobten Hanna abgetrieben worden), dass er sich als Fünfzigjähriger mit allen Konsequenzen in sie verliebt (obwohl er Sexualität als „absurd“ bezeichnet), dass er für ihren Tod Verantwortung trägt (obwohl für „Schuld“ in seinem Handlungsbegriff kein Raum ist) – das ist seine schmerzliche Erkenntnis. Er muss sie als die Existenzerfahrung seines Lebens machen, bevor er zu einer Krebsoperation geholt wird, aus der er vermutlich nicht mehr erwachen wird.
Der Textauszug ist dem Beginn des Romans entnommen: Faber hat im Flugzeug einen jungen Deutschen getroffen, dessen Bruder jener junge Mann ist, der gut 20 Jahre zuvor mit Faber befreundet war und dessen damalige Verlobte heiratete. Spontan begleitet Faber ihn nach Guatemala zu jenem Joachim Hencke.

Max Frisch

Homo faber. Ein Bericht (1957)

Unser Zug (Campeche – Palenque – Coatzacoalcos) war besser als erwartet: Eine Dieselmaschine und vier Wagen mit air-condition, so daß wir die Hitze vergaßen, mit der Hitze auch den Unsinn dieser ganzen Reise.
„Ob Joachim mich noch kennt?“
Ab und zu hielt unser Zug auf offener Strecke in der Nacht, man hatte keine Ahnung, wieso, nirgends ein Licht, nur dank eines fernen Gewitters erkannte man, daß es durch Dschungel geht, teilweise Sumpf, Wetterleuchten hinter einem Geflecht von schwarzen Bäumen, unsere Lokomotive tutete und tutete in die Nacht hinaus, man konnte das Fenster nicht öffnen, um zu sehen, was los ist ... Plötzlich fuhr er wieder: dreißig Stundenkilometer, obschon es topfeben ist, eine schnurgerade Strecke. Immerhin war man zufrieden, daß es weiterging.
Einmal fragte ich:
„Warum sind sie eigentlich geschieden?“
„Weiß ich nicht“, sagte er, „sie wurde Kommunistin, glaube ich –“
„Drum?“
Er gähnte.
„Ich weiß es nicht“, sagte er, „es ging nicht. Ich habe nie danach gefragt.“
Einmal, als unser Zug neuerdings hielt, ging ich zur Wagentür, um hinauszuschauen. Draußen die Hitze, die man vergessen hatte, eine feuchte Finsternis und Stille. Ich ging aufs Trittbrett hinunter, Stille mit Wetterleuchten, ein Büffel stand auf dem schnurgeraden Geleise vor uns, nichts weiter. Er stand wie ausgestopft, weil vom Scheinwerfer unserer Lokomotive geblendet, stur. Sofort hatte man wieder Schweiß auf der Stirne und am Hals. Es tutete und tutete. Ringsum nichts als Dickicht. Nach einigen Minuten ging der Büffel (oder was es war) langsam aus dem Scheinwerfer, dann hörte ich Rauschen im Dickicht, das Knicken von Ästen, dann ein Klatschen, sein Platschen im Wasser, das man nicht sah –
Dann fuhren wir wieder.
„Haben sie denn Kinder?“ fragte ich.
„Eine Tochter –“
Wir richteten uns zum Schlafen, die Jacke unter den Nacken, die Beine gestreckt auf die leeren Sitze gegenüber.
„Hast du sie gekannt?“
„Ja“, sagte ich, „warum?“
Kurz darauf schlief er –
Beim Morgengrauen noch immer Dickicht, die erste Sonne über dem flachen Dschungel-Horizont, viel Reiher, die in weißen Scharen aufflatterten vor unserem langsamen Zug, Dickicht ohne Ende, unabsehbar, dann und wann eine Gruppe indianischer Hütten, verborgen unter Bäumen mit Luftwurzeln, manchmal eine einzelne Palme, sonst meistens Laubhölzer, Akazien und Unbekanntes, vor allem Büsche, ein vorsintflutliches Farnkraut,

es wimmelte von schwefelgelben Vögeln, die Sonne wieder wie hinter Milchglas, Dunst, man sah die Hitze.
Ich hatte geträumt – (Nicht von Hanna!)
Als wir neuerdings auf offener Strecke hielten, war es Palenque, ein Bahnhöflein irgendwo, wo niemand einsteigt und niemand aussteigt außer uns, ein kleiner Schopf neben dem Geleise, ein Signal, nichts weiter, nicht einmal Verdopplung des Geleises (wenn ich mich richtig erinnere), wir erkundigten uns dreimal, ob das Palenque ist. Sofort rann wieder der Schweiß –
Wir standen mit unserem Gepäck, als der Zug weiterfuhr, wie am Ende der Welt, mindestens am Ende der Zivilisation, und von einem Jeep, der hier hätte warten sollen, um den Herrn aus Düsseldorf sofort zur Plantage hinüberzufahren, war natürlich keine Spur.
„There we are!"
Ich lachte. R

Info

Analytisches Erzählen

Bekannt ist das „analytische Drama", dessen handlungsbestimmender Ursprung in der Vergangenheit liegt. Die Vorgänge des Dramas dienen der Klärung und „Auflösung" (= Analyse) dieses Ereignisses, der Vorgeschichte. Wenn dies geleistet, der Ausgangspunkt sozusagen erreicht ist, endet das Drama (bekannte Beispiele: Sophokles, König Ödipus; Lessing, Nathan der Weise; Kleist, Der zerbrochne Krug). „Homo faber" ist ein analytischer Roman: Er dient der Aufklärung der Identität und des Bewusstseins des Ich-Erzählers Faber, der sich gerade im Versuch, seine technische Weltsicht („Bericht") zu beweisen, unbewusst offenbart – thematisch, motivisch und besonders sprachlich. Die Differenz zwischen der Beteuerung („Ich habe mich schon oft gefragt, was die Leute eigentlich meinen, wenn sie von Erlebnis reden. Ich bin Techniker und gewohnt, die Dinge zu sehen, wie sie sind.") und dem wirklichen Sachverhalt ist für den Leser ein Mittel der Aufdeckung, der Analyse.

Erstes Textverständnis

1 **a** Lesen Sie den Textabschnitt gründlich und markieren Sie in unterschiedlichen Farben:
- Schlüsselwörter unter dem Aspekt des Verhältnisses von „Zivilisation" und „Natur/Dschungel",
- Auffälligkeiten in Bezug auf Thema, Verhalten/Kommunikation der Personen und Wortwahl.

b Fassen Sie Ihre ersten Erkenntnisse in einer Interpretationshypothese zusammen.

____

____

____

____

Aspekte der Analyse

2 **a** Im Text werden Gegenwart, Vergangenheit und Zukunft als Dimensionen der erzählten Zeit (▶ S. 19) ineinander verwoben. Prüfen Sie den Text daraufhin genauer und ordnen Sie die Dimensionen inhaltlich.

Gegenwart: ______________________________

Zukunft: ______________________________

Vergangenheit: ______________________________

b Fassen Sie in einem Satz das innere Befinden Fabers zusammen.

____

3 **a** Prüfen Sie den Aufbau des Textes. Markieren Sie Abschnitte farbig.
b Ergänzen Sie folgenden Satz.

Charakteristisch für den Text ist der Wechsel von ______________________ und ______________________. Während die Beschreibung ______________________ und ______________________ mischt, bleiben die ______________________ bruchstückhaft und führen nicht zu ______________________.

4 Klären Sie den vorherrschenden Satzbau (Satzlänge, Satztypen, Satzvollständigkeit – achten Sie besonders auf die Funktion der Gedankenstriche).

____

____

____

____

Zusammenführende Deutung

5 Fassen Sie Ihre Ergebnisse so zusammen, dass ein Zusammenhang von Thema, Erzählhaltung und Sprachform sichtbar wird.

____

____

____

Kontextualisierung im Roman

Einen Romantext analysieren heißt, ihn auch auf Themen und Motive zu beziehen, die den Roman insgesamt bestimmen. Jeder Text ist so auf vielfache Weise mit dem Ganzen verknüpft. Die Korrespondenzen können im Einzelnen (abgewandelte) Wiederholungen oder (kontrastierende) Spiegelungen sein.

6 Ziehen Sie die beiden folgenden Romankontexte heran und vergleichen Sie sie unter dem Gesichtspunkt der Motivverknüpfung und Kommunikationsstruktur. Notieren Sie Ihre Ergebnisse auf je einer Karteikarte.

Kontext 1: Nach der Notlandung in der mexikanischen Wüste

Ohne unsere Verspätung wegen Schneesturm in den nördlichen Staaten wären wir jetzt in Mexico-City gelandet, ich sagte es meinem Düsseldorfer - bloß um zu reden. Ich hasse Feierlichkeit. Keine Antwort.
Ich fragte nach seiner genauen Zeit. -
Keine Antwort.
Die Motoren, die drei anderen, liefen in Ordnung, von Ausfall nichts zu spüren, ich sah, daß wir die Höhe hielten, dann Küste im Dunst, eine Art von Lagune, dahinter Sümpfe. Aber von Tampico noch nichts zu sehen. Ich kannte Tampico von früher, von einer Fischvergiftung, die ich nicht vergessen werde bis ans Ende meiner Tage.
„Tampico", sagte ich, „das ist die dreckigste Stadt der Welt. Ölhafen, Sie werden sehen, entweder stinkt's nach Öl oder nach Fisch –"
Er fingerte an seiner Schwimmweste.
„Ich rate Ihnen wirklich", sagte ich, „essen Sie keinen Fisch, mein Herr, unter keinen Umständen –"
Er versuchte zu lächeln.

„Die Einheimischen sind natürlich immun“, sagte ich, „aber unsereiner –“
Er nickte, ohne zu hören. Ich hielt ganze Vorträge, scheint es, über Amöben, beziehungsweise über Hotels in Tampico. Sobald ich merkte, daß er gar nicht zuhörte, mein Düsseldorfer, griff ich ihn am Ärmel, was sonst nicht meine Art ist, im Gegenteil, ich hasse diese Manie, einander am Ärmel zu greifen. Aber anders hörte er einfach nicht zu. Ich erzählte ihm die ganze Geschichte meiner langweiligen Fischvergiftung in Tampico, 1951, also vor sechs Jahren – R

Kontext 2:

Wir hatten ein Affenschwein, kann ich nur sagen, niemand hatte auch nur eine Nottüre aufgetan, ich auch nicht, niemand rührte sich, wir hingen vornüber in unseren Gurten.
„Go on“, sagte der Captain, „go on!“
Niemand rührte sich.
„Go on!“
Zum Glück kein Feuer, man mußte den Leuten sagen, sie dürften sich abschnallen, die Türe war offen, aber es kam natürlich keine Treppe angerollt, wie man's gewohnt ist, bloß Hitze, wie wenn man einen Ofen aufmacht, Glutluft.
Ich war unverletzt.
Endlich die Strickleiter!
Man versammelte sich, ohne daß es eine Order brauchte, im Schatten unter der Tragfläche, alle stumm, als wäre Sprechen in der Wüste strengstens verboten. Unsere Super-Constellation stand etwas vornübergekippt, nicht schlimm, nur das vordere Fahrgestell war gestaucht, weil eingesunken im Sand, nicht einmal gebrochen. Die vier Propeller-Kreuze glänzten im knallblauen Himmel, ebenso die drei Schwanzsteuer. Niemand rührte sich, wie gesagt, offenbar warteten alle, daß der Captain etwas sagte.
„Well“, sagte er, „there we are!“
Er lachte. R

Analyse

7 Verfassen Sie in Ihrer Kursmappe eine vollständige Analyse.

8 **Weiterführender Schreibauftrag**

a Schreiben Sie im Verfahren des „eingreifenden Schreibens“ den Textabschnitt auf S. 40 ab Z. 19 (Einmal fragte ich: „Warum sind sie eigentlich geschieden?“ „Weiß ich nicht“, sagte er, „sie wurde Kommunistin, glaube ich –“) aus Ihrer Kenntnis der Figuren und des Handlungsverlaufs neu. Versuchen Sie, dabei eine offene, gegenseitige (symmetrische) Kommunikation aufzubauen, in der beide Gesprächspartner am inhaltlichen Fortgang des Gesprächs interessiert sind.

b Begründen Sie: Inwiefern würde ein solches Gespräch im Roman den Fortgang der Handlung möglicherweise entscheidend beeinflussen?

Info

Eingreifendes Schreiben als produktionsorientiertes Verfahren

Eingreifendes Schreiben heißt: einen Text ab einer bestimmten Stelle verändern, erweitern, neu schreiben. Dabei werden die äußeren Fakten (Geschehnisse, Charaktereigenschaften, Figurenkonstellation) übernommen, sodass die Leerstelle des Textes produktiv gefüllt wird. Ziel des eingreifenden Schreibens kann sein:

- eine ausgesparte Information zu liefern,
- den Handlungsverlauf zu beeinflussen,
- Entscheidungsalternativen sichtbar zu machen,
- verdeckte Motive herauszustellen,
- den Erzählschwerpunkt zu verändern.

3.5 Bernhard Schlink: Der Vorleser (1995)

Bernhard Schlink (2001)

Der Jurist und Autor Schlink (* 1944) hat mit „Der Vorleser“ einen international viel beachteten Roman vorgelegt. Der Erzähler Michael Berg berichtet in einer Art Gewissenserforschung und Lebensbeichte, wie die Begegnung mit der fast 20 Jahre älteren Hanna Schmitz sein Leben bestimmt hat – in einem äußeren Sinne seinen Lebensweg, in einem inneren seine Beziehungsfähigkeit, sein Selbstbild, sein Denken. In drei Stationen – als Schüler, als Student, als Erwachsener – erforscht er rückblickend diese Beziehung, vergegenwärtigt einzelne Episoden, reflektiert, stellt Fragen. Er spürt auf der Suche nach der Wahrheit („weil die Wahrheit dessen, was man redet, das ist, was man tut“) dem (unvermeidlichen?) Zwiespalt seiner Gefühle und Handlungen nach und fordert seine Leser zu einer eigenen Stellungnahme auf.

Die eher zufällige Begegnung des 15-jährigen Schülers mit der 34-Jährigen mündet bald in eine intensive sexuelle und seelische Beziehung. Nach und nach erschließt sich dem Leser, welche Verkettung von Schuld, Abhängigkeit und Ohnmacht, aber auch welches Ringen um Freiheit, Würde und Verantwortung dieses Verhältnis enthüllt. – Der folgende Text legt das letzte Kapitel des ersten Teils vor: Der Schüler Michael Berg hat Hanna Schmitz zum letzten Mal im Schwimmbad von fern gesehen – und sie vor seiner Clique ignoriert.

Bernhard Schlink

Der Vorleser

Am nächsten Tag war sie weg. Ich kam zur üblichen Stunde und klingelte. Ich sah durch die Tür, alles sah aus wie sonst, und ich hörte die Uhr ticken.

Wieder setzte ich mich auf die Treppenstufen. In den ersten Monaten hatte ich immer gewußt, auf welchen Strecken sie eingesetzt war, auch wenn ich sie nie mehr zu begleiten oder auch nur abzuholen versucht hatte. Irgendwann hatte ich nicht mehr danach gefragt, mich nicht mehr dafür interessiert. Es fiel mir erst jetzt auf.

Von der Telephonzelle am Wilhelmsplatz rief ich die Straßen- und Bergbahngesellschaft an, wurde ein paarmal weiterverbunden und erfuhr, daß Hanna Schmitz nicht zur Arbeit gekommen war. Ich ging zurück in die Bahnhofstraße, fragte in der Schreinerei im Hof nach dem Eigentümer des Hauses und bekam einen Namen und eine Adresse in Kirchheim. Ich fuhr dorthin.

„Frau Schmitz? Die ist heute morgen ausgezogen.“

„Und ihre Möbel?“

„Das sind nicht ihre Möbel.“

„Seit wann hat sie in der Wohnung gewohnt?“

„Was geht Sie das an?“ Die Frau, die sich mit mir durch ein Fenster in der Tür unterhalten hatte, machte das Fenster zu.

Im Verwaltungsgebäude der Straßen- und Bergbahngesellschaft fragte ich mich zur Personalabteilung durch. Der Zuständige war freundlich und besorgt.

„Sie hat heute morgen angerufen, rechtzeitig, daß wir die Vertretung organisieren konnten, und gesagt, daß sie nicht mehr kommt. Gar nicht mehr.“ Er schüttelte den Kopf. „Vor vierzehn Tagen saß sie hier, auf Ihrem Stuhl, und ich habe ihr angeboten, daß wir sie zur Fahrerin ausbilden, und sie schmeißt alles hin.“

Erst Tage später habe ich daran gedacht, zum Einwohnermeldeamt zu gehen. Sie hatte sich nach Hamburg abgemeldet, ohne Angabe einer Anschrift.

Tagelang war mir schlecht. Ich achtete darauf, daß Eltern und Geschwister nichts merkten. Bei Tisch redete ich ein bißchen mit, aß ein bißchen mit und schaffte es, wenn ich mich übergeben mußte, bis zum Klo. Ich ging in die Schule und ins Schwimmbad. Dort verbrachte ich die Nachmittage an einer abgelegenen Stelle, wo mich niemand suchte. Mein Körper sehnte sich nach Hanna. Aber schlimmer als die körperliche Sehnsucht war das Gefühl der Schuld. Warum war ich, als sie da stand, nicht sofort aufgesprungen und zu ihr gelaufen! In der einen kleinen Situation bündelte sich für mich die Halbherzigkeit der letzten Monate, aus der heraus ich sie verleugnet, verraten hatte. Zur Strafe dafür war sie gegangen.

Manchmal versuchte ich, mir einzureden, daß nicht sie es war, die ich gesehen hatte. Wie konnte ich sicher sein, daß sie es war, wo ich doch das Gesicht nicht richtig erkannt hatte? Hätte ich, wenn sie es gewesen war, ihr Gesicht nicht erkennen müssen? Konnte ich also nicht sicher sein, daß sie es nicht gewesen sein konnte?

Aber ich wußte, daß sie es war. Sie stand und sah – und es war zu spät.

Textverständnis

1 Lesen Sie das Kapitel zweimal: 1. unter dem Aspekt des Inhalts, 2. unter dem der mitgeteilten Gefühlswelt. Beschreiben Sie in Stichworten, worum es auf beiden Ebenen geht.

Inhalt:

Gefühlswelt:

2 Gliedern Sie das Kapitel in Sinnabschnitte.

Zeile	Handlung
1-5	Michael erwartet Hanna auf der Treppe vor ihrer Wohnung.

Aspekte der Analyse

Info

Erzählstandort: epische Distanz

Die Ich-Erzählform vereint mehrere, scheinbar widersprüchliche Aspekte: Zum einen scheint die Distanz zum Erzählten vollständig aufgehoben zu sein, steht der Erzähler doch als ein Handelnder mitten im Geschehen. Zum anderen aber kann er nur erzählen, was bereits vergangen ist. So ist der Ich-Erzähler eine „gespaltene Persönlichkeit“: Das **erlebende Ich** kann sehr authentisch und unmittelbar über sein Innenleben reflektieren. Das **erzählende Ich** jedoch kann andere Figuren lediglich von außen beschreiben (oder kommentieren, ▶ S. 18–19).

3 **a** Zeigen Sie, wie im Text die epische Distanz sichtbar wird.
Bezüglich der Zeitstruktur: Notieren Sie Zeitangaben aus dem Text und überprüfen Sie ihre Rolle.

Aspekt: das aktuell berichtete Geschehen	Aspekt: dauerhafte Grundbefindlichkeit
am nächsten Tag (Z. 1)	zur üblichen Stunde (Z. 1 f.)

b Begründen Sie Ihre Wahrnehmung bezüglich der Distanz zwischen erlebendem und erzählendem Ich.

c Sammeln Sie Textbelege für die Wechsel in der erzählerischen Darbietungsform (▶ S. 19).

Z. 1-19: Erzählerbericht

Z. 20-37:

Z. 38-41:

Z. 42-56:

Z. 57-65: Kommentar als Bewertung und Vorausdeutung

4 In den Zeilen 58–63 des Textes sind einige Fragen aufgeworfen. Begründen Sie vor dem Horizont des Erarbeiteten,

a welche Haltung des Erzählers sich darin ausdrückt,

b welches Licht sie auf das Erzählte werfen,

c welche Sicht der Leser einnehmen soll.

5 Zu den Leitmotiven des Romans gehören Symptome körperlichen und seelischen Leidens.

a Schreiben Sie auf, welche Symptome Sie im Textauszug finden.

b Versuchen Sie eine Deutung, indem Sie den Satz fortsetzen und ergänzen.

Das körperliche und seelische Leiden ist eine Reaktion

c Halten Sie in einem Satz fest, wie der Erzähler Hannas Verhalten deutet.

6 Im Vorspann zum Textauszug haben Sie erfahren, dass der Erzähler Hanna „verraten" hat, indem er die Liebe zu ihr vor seinen Freunden verleugnete. Übertragen Sie den nachfolgenden Cluster vergrößert in Ihre Kursmappe und ergänzen Sie ihn um Zitate, die belegen, dass der Erzähler sich mit seinen Schuldgefühlen auseinandersetzt.

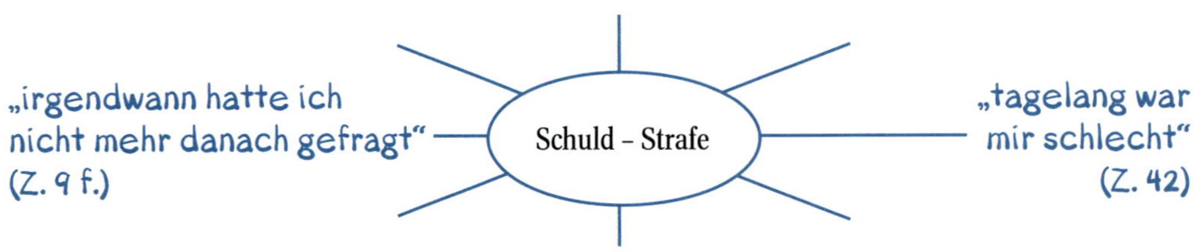

Kontextualisierung

7 Im weiteren Verlauf des Romans versteht der Erzähler, dass Hanna Analphabetin ist: „Deswegen hatte sie sich vorlesen lassen. [...] Deswegen hatte sie sich der Beförderung bei der Straßenbahn entzogen; ihre Schwäche, die sie als Schaffnerin verbergen konnte, wäre bei der Ausbildung zur Fahrerin offenkundig geworden." (im Roman S. 126 f.)

a Beschreiben Sie, wie sich dadurch die Konstellation von Schuld und Strafe verändert.

b Bewerten Sie das Verhalten des Erzählers im abgedruckten Textauszug vor diesem Hintergrund.

Analyse

8 **a** Lesen Sie den Text nochmals. Überdenken Sie die Thematik des Romans und die Rolle, die das Kapitel 17 am Ende des ersten Teils für die erzählte Biografie hat: Mit ihm endet die Phase der Liebesbeziehung des damals 16-jährigen Ich-Erzählers Michael zu der 20 Jahre älteren Hanna Schmitz.

b Schreiben Sie Ihre Ergebnisse gegliedert nieder. Kontrollieren Sie Ihre Analyse auf Vollständigkeit, Klarheit und formale Richtigkeit.

9 **Weiterführende Schreibaufträge**

a Formulieren Sie im Sinne des eingreifenden Schreibens (▶ S. 43) ein Gespräch mit Hanna, in dem Michael Hanna sein Verhalten im Schwimmbad erklärt und sie bittet zurückzukommen. Berücksichtigen Sie dabei die von Ihnen erarbeiteten Aspekte seines Schuldbewusstseins. Die Redeanteile Hannas sollten Sie deutlich beschränken.

b Erzählen Sie den Text aus der Erzählhaltung eines auktorialen Erzählers (▶ S. 19) neu. Beachten Sie dabei:

- Der auktoriale Erzähler „führt" seine Figuren. Er kennt ihre Innenwelt und kommentiert ihr Verhalten. Er hat einen Standpunkt außerhalb („oberhalb") der Figurenperspektive, der nicht befragt wird.
- Die Distanz zwischen erlebendem und erzählendem Ich entfällt.

Beginnen Sie so:

Michael Berg verlor Hanna, aber er irrte sich auch hierin. Er verriet sie aus Unsicherheit, Halbherzigkeit und Angst. Das war ganz unnötig; sie hätte ihn ohnehin verlassen. Denn ...

4 Übungen: Film

Filme als Gegenstand einer genauen Untersuchung und Interpretation sind ein noch relativ neues Thema im Deutschunterricht – und doch verfügen Sie bereits über ein großes Vorwissen: Ganz sicher haben Sie bereits viele Filme (Spielfilme, Serien, Dokumentarfilme) gesehen! Vermutlich mehr, als Sie Bücher gelesen haben.
Dieses Kapitel stellt Ihnen exemplarisch die wichtigsten Aspekte der Filmanalyse vor. Geschlossene Analysen von Filmen sind im Rahmen dieses Heftes nicht möglich, dennoch erschließen Ihnen die Aufgabenbeispiele das für Klausuren erforderliche Instrumentarium.

4.1 Grundlagen der Filmanalyse

Zur Analyse von Filmen benötigen Sie „Handwerkszeug“: Wissen über die technischen und künstlerischen Gestaltungsmittel des Films. Wie erzählt man im Film? Wie werden Figuren gezeichnet? Welche Darstellungsmittel wirken wie auf die Zuschauer?

1 Ordnen Sie Ihr Vorwissen. Im Folgenden finden Sie einige wichtige Untersuchungskategorien für die analytische Betrachtung eines Films sowie Fachbegriffe, die in die jeweilige Kategorie fallen.

a Ordnen Sie die Fachbegriffe den Kategorien zu, indem Sie die Zahlen eintragen.

b Informieren Sie sich (z. B. mit Hilfe Ihres Deutschbuchs, im Internet, mit Lexika zum Thema Film o. Ä.) über Begriffe, deren Bedeutung Ihnen unklar ist.

1 Halbtotale **2** erzählende Montage/unsichtbarer Schnitt **3** Kameraschwenk **4** Symmetrie/Asymmetrie

5 Geräusche **6** Normalsicht **7** Nah **8** Parallelmontage **9** Dialog **10** Farben

11 Untersicht **12** Detail **13** Kamerafahrt **14** Handlungsachse **15** Beleuchtung

16 Assoziationsmontage **17** Zoom **18** Schärfegrad **19** Kameraachse **20** Amerikanisch

21 Groß **22** Handkamera/subjektive Kamera **23** statischer/dynamischer Bildaufbau **24** Musik

25 Kontrastmontage **26** Aufsicht **27** Rhythmus der Bilder **28** Analogmontage **29** Totale

Kategorie	Fachbegriffe	Kategorie	Fachbegriffe
Schnitt / Montage	☐ ☐ ☐ ☐ ☐ ☐ ☐	**Kameraperspektive**	☐ ☐ ☐ ☐ ☐ ☐ ☐
Einstellungsgröße	☐ ☐ ☐ ☐ ☐ ☐ ☐	**Mise en scène (Bildgestaltung)**	☐ ☐ ☐ ☐ ☐ ☐ ☐
Kamerabewegung	☐ ☐ ☐ ☐ ☐ ☐ ☐	**Ton**	☐ ☐ ☐ ☐ ☐ ☐ ☐

Von der Beschreibung zur Interpretation

Mit Hilfe der genannten Kategorien und Fachbegriffe können Sie eine Filmszene sehr genau beschreiben. Um die Gestaltungsmittel zu interpretieren, müssen Sie sie auf zwei Ebenen untersuchen:

- Wie reagiert der Zuschauer auf diese Art der Darstellung (**Wirkung**)?
- Welche symbolische oder metaphorische Bedeutung drückt sich in ihr aus (**Bedeutung**)?

Tipp

Um die Wirkung eines Gestaltungsmittels zu bestimmen, ist es auch hier oft hilfreich, sich vorzustellen, welche Alternativen der Regisseur hätte wählen können und wie diese gewirkt hätten.

4.2 Spielfilmanalyse: Lola rennt (1998, Regie: Tom Tykwer)

Lolas Freund Manni hat eine Plastiktüte mit 100 000 Mark, die er als Geldbote einem Gangsterboss überbringen sollte, bei einer Fahrkartenkontrolle aus Panik in der U-Bahn stehen lassen. Falls er das Geld in 20 Minuten nicht übergeben kann, wird der Gangster (so befürchtet Manni) ihn umbringen. Er ruft Lola an, die nun versucht, die riesige Geldsumme in der absurd kurzen Zeitspanne zu beschaffen. Der Film erzählt drei unterschiedliche Versionen dieser 20 Minuten, in denen jeweils minimale Veränderungen im Handlungsablauf für völlig unterschiedliche Ergebnisse sorgen. Der Film zeichnet sich durch ein extrem hohes Tempo aus, das die hektische Atmosphäre der Handlung vermittelt. So werden die filmische Darstellung von Zeit und die Unvorhersehbarkeit menschlichen Schicksals im Spannungsfeld zwischen bewusster Entscheidung und zufälligen äußeren Geschehnissen zu zentralen Themen des Films.

Erstes Filmverständnis

Der **Vorspann** ist häufig ein stark symbolisch aufgeladener Teil eines Films, der Themen und Inhalte andeuten und beim Zuschauer Spannung erzeugen soll.

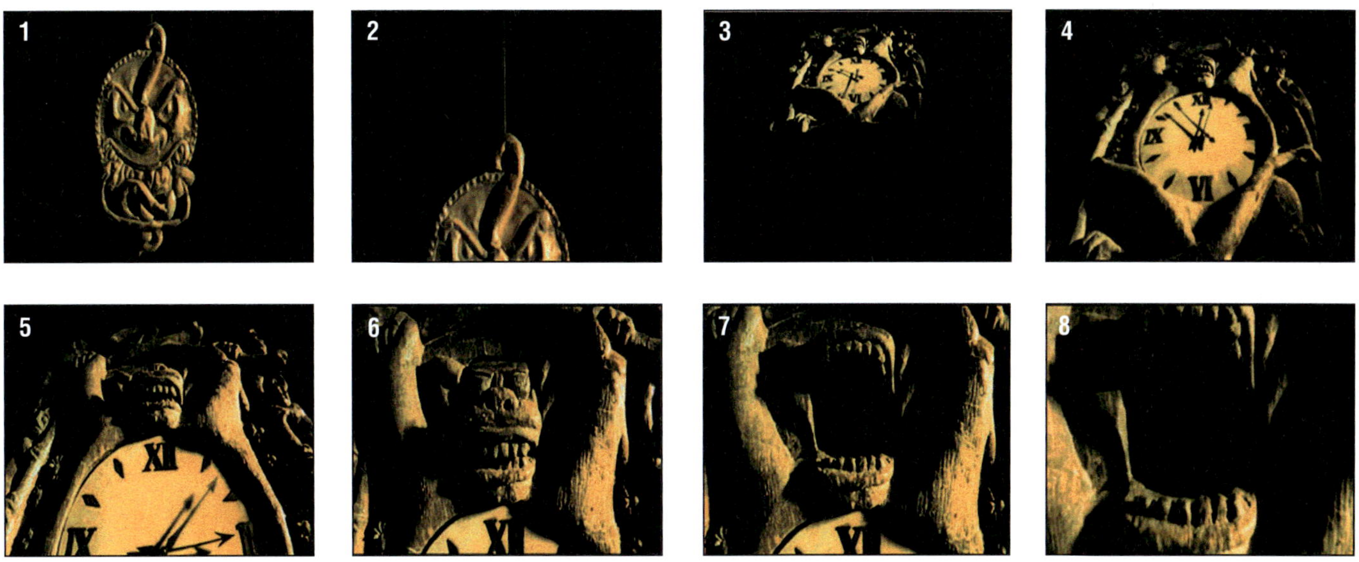

1 Untersuchen Sie die Bilder aus einer der Szenen im Vorspann in zwei Schritten:

a Beschreiben Sie zunächst so genau wie möglich in Ihrer Kursmappe, was Sie sehen und welche filmischen Gestaltungsmittel (▶ S. 48) verwendet werden.

Tipp

Hilfreiche sprachliche Wendungen für die **Filmbeschreibung:**

- Zunächst sieht man …
- Dabei fällt auf …
- Hierauf folgt …
- Dies wird in einer … gezeigt.
- Hierzu wird … verwendet.
- Diese Bewegung setzt sich fort mit einem …
- Bei genauer Betrachtung erkennt man …
- … mündet in eine …
- Jetzt erkennt der Zuschauer …
- Auffällig ist hierbei …
- In diesem Bild dominiert …

b Interpretieren Sie die Bilder dann jeweils auf den Ebenen „Bedeutung“ und „Wirkung“.

2 Deuten Sie die Szene aus dem Vorspann und formulieren Sie eine erste Hypothese, zu welchem Filmgenre (Western, Krimi, Horrorfilm o. Ä.) „Lola rennt“ vermutlich gehört.

Tipp

Hilfreiche sprachliche Wendungen für die **Filmdeutung**:

- Dies symbolisiert …
- Damit wird das Motiv/Thema „…“ angedeutet.
- Der Zuschauer assoziiert damit …
- Es entsteht Spannung, weil …
- Man erwartet nun …
- … welches symbolisch für … steht.
- Dadurch wird der Eindruck erweckt…,
- Dies erzeugt beim Betrachter …
- Die Aufmerksamkeit wird auf … gelenkt.

Aspekte der Analyse

3 Ein wichtiger Handlungsort in „Lola rennt“ ist die Bank, in der Lolas Vater arbeitet. Sie bittet ihn um das Geld. Die folgenden drei Standbilder zeigen die Bank von außen an unterschiedlichen Punkten der Handlung. Beschreiben Sie in Ihrer Kursmappe jeweils die Kameraperspektive und den Bildaufbau und interpretieren Sie deren Wirkung.

Kameraperspektive:
Wirkung:

Bildaufbau:
Wirkung:

Kameraperspektive:
Wirkung:

Bildaufbau:
Wirkung:

Kameraperspektive:
Wirkung:

Bildaufbau:
Wirkung:

4 Die Farbe Rot hat in „Lola rennt" die Funktion eines Leitmotivs: Sie verbindet einzelne Szenen miteinander.

a Schreiben Sie einen Satz, in dem Sie die leitmotivische Funktion der Farbe Rot erläutern.

____

____

b Das Rot hat auch symbolische Funktionen. Überlegen Sie anhand der Standbilder, welche der vorgeschlagenen symbolischen Deutungen Ihnen plausibel erscheinen und warum. Formulieren Sie mögliche Begründungen und tragen Sie sie gegenüberstellend in die Tabelle ein.

Rot ist Symbol für ...		
Liebe	**Gefahr**	**Hilfe**

Prüfen Sie, inwiefern sich die unterschiedlichen symbolischen Deutungen nicht ausschließen, sondern (teilweise) ergänzen. Markieren Sie in Ihren Tabelleneinträgen Übereinstimmungen farbig.

c Deuten Sie Ihre Wahrnehmung (unter Berücksichtigung Ihres Ergebnisses aus Aufgabe 4 a) in Ihrer Kursmappe zusammenfassend unter der gliedernden Zwischenüberschrift: „Farbsymbolik in *Lola rennt*: Die Farbe Rot und ihre Bedeutungen".

Tipp

Hilfreich für die Filmdeutung sind die folgenden Konjunktionen und Adverbiale, die die verschiedenen Deutungen in Beziehung zueinander setzen:

- außerdem
- gleichzeitig
- daneben
- gleichwohl
- trotzdem
- vor allem

Der Schnitt oder die Montage einzelner Einstellungen ist das zentrale erzählerische Mittel des Films. Versuchspersonen leiten mitunter aus einzelnen Bildern, die ihnen in unterschiedlichen Reihenfolgen vorgelegt werden, jeweils ganz verschiedene Geschichten ab. An der folgenden Szene aus „Lola rennt" können Sie dies untersuchen: Manni hat einem Obdachlosen die versehentlich erlangte Plastiktüte mit dem Geld wieder abgenommen und ihm dafür seine Pistole geschenkt.

5 **a** Bringen Sie die folgenden Standbilder in unterschiedliche Reihenfolgen (falls möglich, indem Sie sie kopieren und dann ausschneiden) und prüfen Sie, welche Deutung jeweils nahegelegt wird.

b Erklären Sie, warum sich der Regisseur Tom Tykwer wohl für die hier abgebildete Reihenfolge entschieden hat.

Die gewählte Bildfolge lässt den Zuschauer vermuten, dass

Analyse

Falls Sie den Film „Lola rennt" nicht vollständig gesehen haben, konnten Sie in diesem Kapitel natürlich nur einige isolierte Aspekte der filmischen Gestaltung untersuchen. Sollten Sie den Film kennen oder die Möglichkeit haben, ihn auf DVD oder Video zu sehen, können Sie abschließend eine Eingliederung Ihrer Ergebnisse in eine zusammenhängende Deutung des Films üben.

6 **a** Prüfen Sie, wie im Film „Lola rennt" mit den Ihnen bekannten Regeln und Konventionen der Gattung „Thriller" gespielt wird und welche Wirkungen dadurch erzielt werden.

b Verfassen Sie eine zusammenhängende Analyse des Films.

7 **Weiterführender Schreibauftrag**

Entwerfen Sie einen alternativen Vorspann zum Film, der dessen Themen und Motive andeutet. Beschreiben Sie die zu verwendenden filmischen Gestaltungsmittel so genau wie möglich und erläutern Sie deren Bedeutung.

4.3 Literaturverfilmung: Homo faber (1991, Regie: Volker Schlöndorff)

Eine besondere Rolle spielen im Deutschunterricht Verfilmungen literarischer Texte (meistens von Romanen), da in ihnen besonders deutlich wird, wie dieselbe Geschichte in verschiedenen Medien ganz unterschiedlich erzählt werden kann (oder sogar muss). Neben die Interpretation der filmischen Gestaltungsmittel tritt hier also die vergleichende Analyse von Film und Text. Die zentralen Fragen, die Sie sich stellen müssen, sind:

- Wie erzählt der Autor die Geschichte oder der Regisseur eine Szene? Welche anderen erzählerischen/filmischen Gestaltungsmittel hätte er wählen können? Mit welchen Folgen?
- Welche Strukturen entdecken Sie? Wo gibt es Wiederholungen, Ähnlichkeiten oder Kontraste?
- Wie wirken die gewählten Gestaltungsmittel auf den Leser oder den Zuschauer?
- Lassen sich „versteckte", symbolische Bedeutungen aufzeigen?

In diesem Kapitel können nur einige ausgewählte Einzelaspekte in den Blick genommen werden, die vorgestellten Verfahren der vergleichenden Analyse beider Medien können Sie jedoch auf andere Projekte übertragen.

Erstes Verständnis

1 **a** Informieren Sie sich zunächst anhand des Kapitels „Romananalyse" in diesem Arbeitsheft über Inhalt, Themen, Figuren und Aufbau des Romans „Homo faber" von Max Frisch (► S. 40 ff.).

b Lesen Sie den ersten Absatz des Romans. Markieren Sie beim erneuten Lesen alle Textstellen, aus denen der Leser etwas über den Charakter des Erzählers erfährt oder Rückschlüsse auf diesen ziehen kann.

Max Frisch

Homo faber (1957)

Wir starteten in La Guardia, New York, mit dreistündiger Verspätung infolge Schneestürmen. Unsere Maschine war, wie üblich auf dieser Strecke, eine Super-Constellation. Ich richtete mich sofort zum Schlafen, es war Nacht. Wir warteten noch weitere vierzig Minuten draußen auf der Piste, Schnee vor den Scheinwerfern, Pulverschnee, Wirbel über der Piste, und was mich nervös machte, so daß ich nicht sogleich schlief, war nicht die Zeitung, die unsere Stewardeß verteilte, *First Pictures of World's Greatest Air Crash in Nevada*, eine Neuigkeit, die ich schon am Mittag gelesen hatte, sondern einzig und allein diese Vibration in der stehenden Maschine mit laufenden Motoren – dazu der junge Deutsche neben mir, der mir sogleich auffiel, ich weiß nicht, wieso, er fiel auf, wenn er den Mantel auszog, wenn er sich setzte und sich die Bügelfalte zog, wenn er überhaupt nichts tat, sondern auf den Start wartete wie wir alle und einfach im Sessel saß, ein Blonder mit rosiger Haut, der sich sofort vorstellte, noch bevor man die Gürtel geschnallt hatte. Seinen Namen hatte ich überhört, die Motoren dröhnten, einer nach dem anderen auf Vollgasprobe – R

c Fertigen Sie mithilfe Ihrer Markierungen eine stichwortartige Charakterisierung des Erzählers an. Versuchen Sie eine erste Deutung Ihrer Befunde. Arbeiten Sie die folgende Tabelle in Ihrer Kursmappe aus.

Textbeleg	Charakterisierung	Deutung
„Unsere Maschine" […] „Super-Constellation" (Z. 4)	technisch interessiert, reiseerfahren	Er erwähnt den Flugzeugtyp; er scheint häufiger zu fliegen.
„was mich nervös machte" (Z. 8 f.)		
…	…	…

2 **a** Betrachten Sie die folgenden Standbilder vom Beginn der Verfilmung des Romans genau (im Film ist die Szene durch das Geräusch von Flugzeugmotoren unterlegt).

b Beschreiben Sie (ohne zu deuten), was Sie sehen. Achten Sie dabei auf den Zusammenhang zwischen den einzelnen Bildern und auf Details, die Ihnen wichtig erscheinen. Arbeiten Sie Ihre Beschreibung in Ihrer Kursmappe aus.

3 Beschreiben Sie mithilfe der folgenden Tabelle einige der filmischen Gestaltungsmittel, die Sie den Standbildern entnehmen können. Die Symbole können Sie zu deuten versuchen.

Kameraeinstellung	Bildaufbau	Licht	Symbole

Aspekte der Analyse

4 Analysieren Sie die Unterschiede zwischen Roman und Film im Hinblick darauf, welche Unterschiede es in der Sichtweise auf die Hauptfigur (auf ihren Charakter, ihre Situation) gibt. Berücksichtigen Sie dabei insbesondere die Figuren, den Plot (logische Folge der Einstellungen) und die Symbolik (Sonnenbrillen, Vorhang).

Roman	Verfilmung

5 **a** Bei der auf den ersten Flug folgenden Zwischenlandung fühlt sich der Erzähler unwohl, er sucht die Toilette auf. Markieren Sie im Text Schlüsselwörter, die zeigen, wie sich die Figur fühlt.

> Mein Gesicht im Spiegel, während ich minutenlang die Hände wasche, dann trockne: weiß wie Wachs, mein Gesicht, beziehungsweise grau und gelblich mit violetten Adern darin, scheußlich wie eine Leiche. Ich vermutete, es kommt vom Neon-Licht, und trocknete meine Hände, die ebenso gelblich-violett sind, dann der übliche Lautsprecher, der alle Räume bedient, somit auch das Untergeschoß: *Your attention please, your attention please!* Ich wußte nicht, was los war. Meine Hände schwitzten, obschon es in dieser Toilette geradezu kalt ist, draußen ist es heiß. Ich weiß nur soviel: – Als ich wieder zu mir kam […]

b Vergleichen Sie anhand der folgenden Standbilder, wie diese Szene im Film dargestellt wird.

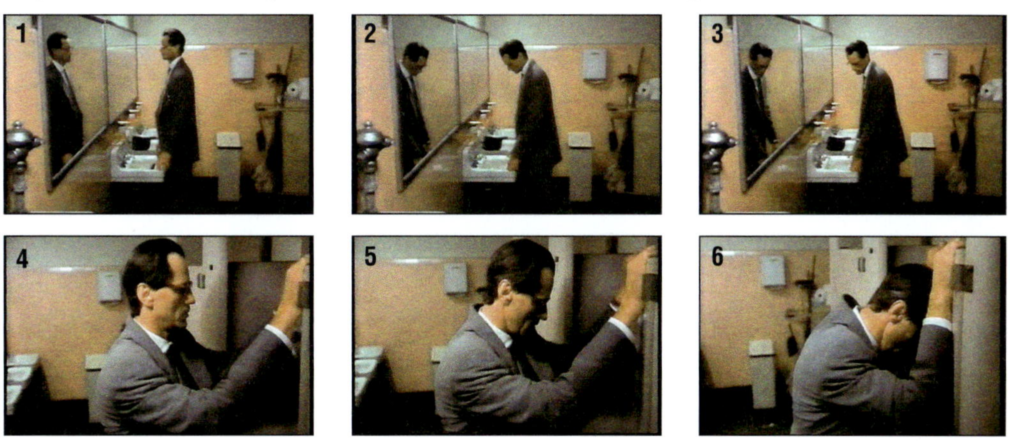

c Analysieren Sie, auf welche Weise die Bilder die Situation und die Gefühle der Figur darstellen. Achten Sie dabei auf den Bildaufbau und die Einstellungsgröße sowie auf die symbolische Ebene. Arbeiten Sie diesen Aspekt in Ihrer Kursmappe aus, indem Sie als Einstieg die beiden folgenden Satzanfänge aufnehmen und fortführen.

Die Figur wirkt auf den Betrachter

Dies wird symbolhaft verbildlicht, indem sie …

Zusammenführende Deutung / Analyse

6 Arbeiten Sie in Ihrer Kursmappe den Vergleich der Szene in der Flughafentoilette im Roman und im Film aus. Achten Sie darauf, was jeweils sprachlich beziehungsweise filmisch vermittelt wird und wie dies geschieht.

5 Übungen: Drama

Info

Dramenformen

Man kann die Dramenliteratur unterschiedlich kategorisieren. Die gängigste Einteilung ist die nach **Tragödie** (Trauerspiel) und **Komödie** (Lustspiel). In der historischen Entwicklung der Gattung unterscheidet man vor allem zwischen dem klassischen oder aristotelischen Drama und dem epischen Theater.

Das **aristotelische Drama** wird auch als Drama der **geschlossenen Form** bezeichnet. Es besteht meistens aus fünf Akten oder Aufzügen, die im Gang der Handlung eine bestimmte, festgelegte Funktion haben. Die Handlung verläuft im Wesentlichen linear und erscheint als ein geschlossenes Ganzes; jede Szene ist notwendiger Bestandteil dieses Ganzen und diesem streng zugeordnet.
Beispiele in diesem Heft sind Lessings „Emilia Galotti" (▶ S. 57 ff.) und Goethes „Faust I" (der allerdings keine Fünfaktigkeit aufweist; ▶ S. 62 ff.).

Das **epische Theater** repräsentiert das Drama der **offenen Form**. In diesem Dramentyp ist die strenge Linearität aufgehoben, ebenso die Fünfaktigkeit. Konstruktionseinheiten sind eine beliebige Anzahl von Szenen oder „Bildern", die in einem gewissen Rahmen austauschbar sind. Die einzelnen Teile gewinnen eine größere Selbstständigkeit, sie sind nicht mehr streng-funktional dem Ganzen untergeordnet. Das erste Beispiel für das Drama der offenen Form in der deutschen Literatur ist Büchners „Woyzeck" (▶ S. 66 ff.).
Bertolt Brecht (1898–1956) hat dem Drama im 20. Jahrhundert mit der Entwicklung des „epischen Theaters" neue Impulse gegeben. Zentraler Gedanke ist, den Zuschauer auf Distanz zu halten: Er soll emotional unbeteiligt die Mechanismen der Handlung durchschauen, um mitdenkend Alternativen zu entwickeln. Das entscheidende **Mittel der Distanzierung** ist der „Gestus des Zeigens". Besonders deutlich wird er in den Dramen, in denen ein Erzähler auf der Bühne zwischen der Handlung und dem Zuschauer vermittelt, indem er das Geschehen erklärt und kommentiert; von dieser Figur des Erzählers hat das „epische" Theater seinen Namen. Neben dieser Figur hat Brecht noch eine Reihe weiterer distanzierender Techniken entwickelt, die als **Verfremdungseffekt** (V-Effekt) zusammengefasst werden. Beispiel für das epische Theater ist in diesem Heft Brechts „Leben des Galilei" (▶ S. 70 ff.).

Analytische Begriffe zur Erschließung von Dramen
Es gibt vier Kategorien der werkimmanenten Dramenanalyse, die sich teilweise überschneiden, um der Klarheit willen aber voneinander unterschieden werden sollten:

- Die **Situationsanalyse** fragt nach den Voraussetzungen einer Szene, das sind meist vorangegangene Ereignisse. Aber sie gilt auch der aktuellen Figurenkonstellation (▶ Figurenanalyse), mitunter sogar (▶ „Faust", S. 62 ff.) der besonderen Atmosphäre eines Raumes, der den „Geist" einer Person ausstrahlt. All dies kann man als „aktuelle Lage" zusammenfassen. „Situation" kann aber auch die „generellen Verhältnisse" meinen: die gesellschaftlich-politischen sowie die weltanschaulichen Rahmenbedingungen (▶ werkübergreifendes Verfahren, S. 3).
- Bei der **Figurenanalyse** geht es um Charaktereigenschaften, also um persönliche Überzeugungen, Werthaltungen, Verhaltensweisen oder Gewohnheiten. Diese Aspekte sind oft schichtenspezifisch und/oder zeittypisch geprägt (▶ werkübergreifendes Verfahren, S. 3).
- Die **Handlungsanalyse** untersucht Art und Verlauf sowie Ursachen oder Auswirkungen einer Handlung. Eine Gesamthandlung wird in Details (Szenen) unterteilt. Handlungsträger sind die Figuren (▶ Figurenanalyse).
- Die **Gesprächsanalyse** untersucht das kommunikative Verhalten der Gesprächsteilnehmer, aber auch die Sprache einschließlich der Argumentationsstrategie und der Rhetorik.

Die **Konzeptionsanalyse** fragt unter werkübergreifenden (▶ S. 3) Gesichtspunkten nach dem dramentheoretischen Konzept (aristotelisches Drama oder episches Theater usw.).

5.1 Gotthold Ephraim Lessing: Emilia Galotti (1772)

Info

Johann Heinrich Tischbein d. Ä. (1722–1789): G. E. Lessing

Gotthold Ephraim Lessing (1729–1781) ist der bedeutendste literarische Vertreter der Aufklärung in Deutschland. Er schrieb mehrere Schauspiele und verfasste einige wichtige literaturtheoretische Werke. Zu seinen bekanntesten Dramen gehört „Nathan der Weise", *das* Aufklärungsdrama schlechthin, das sich gegen dumpfe religiöse Vorurteile wendet und den Gebrauch der Vernunft sowie die Haltung der Toleranz propagiert. Mit „Miss Sara Sampson" schuf er – nach englischem Vorbild – das erste „bürgerliche Trauerspiel" in der deutschen Literatur.

„Emilia Galotti", 1772 uraufgeführt, gilt als der erste Höhepunkt des bürgerlichen Trauerspiels in Deutschland. Am Beispiel eines Fürsten, der skrupellos seine erotischen Interessen in Bezug auf ein bürgerliches Mädchen verfolgt, thematisiert es den Konflikt zwischen dem Absolutismus und dem aufstrebenden Bürgertum. Der Absolutismus ist die Herrschaftsform, die bis spät ins 18. Jahrhundert dominierte. Gekennzeichnet ist sie durch eine uneingeschränkte („absolute") Machtfülle des Herrschers, der sogar über dem Gesetz steht. Dies ist ein wesentlicher Teil der „generellen Verhältnisse", die auch die im Drama „Emilia Galotti" dargestellte Gesellschaft prägen.

Lessing hat die Handlung in ein kleines Fürstentum in Italien verlegt. Dessen absolutistischer Herrscher Hettore Gonzaga, Prinz von Guastalla, hat sich heftig in die bürgerliche Emilia Galotti verliebt. Nach der Begegnung mit ihr auf einem Ball ist er seiner bisherigen Geliebten, der Gräfin Orsina, überdrüssig geworden. – Am frühen Morgen lässt er seinen Kammerherrn Marinelli zu sich kommen:

Gotthold Ephraim Lessing

Emilia Galotti (Auszug, 1772)

Erster Aufzug, Sechster Auftritt
Marinelli. Der Prinz

DER PRINZ: […] Was haben wir Neues, Marinelli?

MARINELLI: Nichts von Belang, das ich wüsste. – Die Gräfin Orsina ist gestern zur Stadt gekommen.

DER PRINZ: Hier liegt auch schon ihr guter Morgen *(auf ihren Brief zeigend)* oder was es sonst sein mag! Ich bin gar nicht neugierig darauf. – Sie haben sie gesprochen?

MARINELLI: Bin ich, leider, nicht ihr Vertrauter? – Aber, wenn ich es wieder von einer Dame werde, der es einkömmt, Sie in gutem Ernste zu lieben, Prinz: so – –

DER PRINZ: Nichts verschworen, Marinelli!

MARINELLI: Ja? In der Tat, Prinz? Könnt' es doch kommen? – Oh! so mag die Gräfin auch so Unrecht nicht haben.

DER PRINZ: Allerdings, sehr Unrecht! – Meine nahe Vermählung mit der Prinzessin von Massa will durchaus, dass ich alle dergleichen Händel fürs Erste abbreche.

MARINELLI: Wenn es nur das wäre: so müsste freilich Orsina sich in ihr Schicksal ebenso wohl zu finden wissen als der Prinz in seines.

DER PRINZ: Das unstreitig härter ist als ihres. Mein Herz wird das Opfer eines elenden Staatsinteresses. Ihres darf sie nur zurücknehmen, aber nicht wider Willen verschenken.

MARINELLI: Zurücknehmen? Warum zurücknehmen?, fragt die Gräfin: wenn es weiter nichts als eine Gemahlin ist, die dem Prinzen nicht die Liebe, sondern die Politik zuführet?

Neben so einer Gemahlin sieht die Geliebte noch immer ihren Platz. Nicht so einer Gemahlin fürchtet sie aufgeopfert zu sein, sondern –

DER PRINZ: Einer neuen Geliebten. – Nun denn? Wollten Sie mir daraus ein Verbrechen machen, Marinelli?

MARINELLI: Ich? – Oh! vermengen Sie mich ja nicht, mein Prinz, mit der Närrin, deren Wort ich führe, aus Mitleid führe. [...]

DER PRINZ *(der sich voll Verzweiflung in einen Stuhl wirft):* So bin ich verloren! – So will ich nicht leben!

[Der Prinz erfährt im weiteren Verlauf des Gesprächs, dass Graf Appiani noch am selben Tag auf einem Landgut bei Sabionetta heiraten wird – und zwar „eine gewisse Emilia Galotti" – und dass er sich gleich nach der Hochzeit mit ihr auf seine fernen Güter zurückziehen will. Nachdem der Prinz sich vergewissert hat, dass es sich um eben die Emilia Galotti handelt, in die er sich verliebt hat, ist er am Boden zerstört:]

MARINELLI: Aber was ist Ihnen, gnädiger Herr?

DER PRINZ *(der gegen ihn wieder aufspringt):* Verräter! – was mir ist? – Nun ja, ich liebe sie; ich bete sie an. Mögt ihr es doch wissen! Mögt ihr es doch längst gewusst haben, [...] – Nur dass Sie, Marinelli, der Sie so oft mich Ihrer innigsten Freundschaft versicherten – O ein Fürst hat keinen Freund! kann keinen Freund haben! – dass Sie, Sie, so treulos, so hämisch mir bis auf diesen Augenblick die Gefahr verhehlen dürfen, die meiner Liebe drohte: wenn ich Ihnen jemals das vergebe – so werde mir meiner Sünden keine vergeben!

MARINELLI: Ich weiß kaum Worte zu finden, Prinz – wenn Sie mich auch dazu kommen ließen –, Ihnen mein Erstaunen zu bezeigen. – Sie lieben Emilia Galotti? – Schwur dann gegen Schwur: Wenn ich von dieser Liebe das Geringste gewusst, das Geringste vermutet habe, so möge weder Engel noch Heiliger von mir wissen! [...]

DER PRINZ: So verzeihen Sie mir, Marinelli – *(indem er sich ihm in die Arme wirft)* und bedauern Sie mich. [...]

DER PRINZ: Ach! Marinelli, wie konnt' ich Ihnen vertrauen, was ich mir selbst kaum gestehen wollte?

MARINELLI: Und also wohl noch weniger der Urheberin Ihrer Qual gestanden haben?

DER PRINZ: Ihr? – Alle meine Mühe ist vergebens gewesen, sie ein zweites Mal zu sprechen.

MARINELLI: Und das erste Mal –

DER PRINZ: Sprach ich sie – Oh, ich komme von Sinnen! Und ich soll Ihnen noch lange erzählen? – Sie sehen mich einen Raub der Wellen: was fragen Sie viel, wie ich es geworden? Retten Sie mich, wenn Sie können: und fragen Sie dann.

MARINELLI: Retten? ist da viel zu retten? –Was Sie versäumt haben, gnädiger Herr, der Emilia Galotti zu bekennen, das bekennen Sie nun der Gräfin Appiani. Waren, die man aus der ersten Hand nicht haben kann, kauft man aus der zweiten: – und solche Waren nicht selten aus der zweiten um so viel wohlfeiler.

DER PRINZ: Ernsthaft, Marinelli, ernsthaft, oder –

MARINELLI: Freilich, auch um so viel schlechter – –

DER PRINZ: Sie werden unverschämt!

MARINELLI: Und dazu will der Graf damit aus dem Lande. – Ja, so müsste man auf etwas anders denken.

DER PRINZ: Und auf was? – Liebster, bester Marinelli, denken Sie für mich. Was würden Sie tun, wenn Sie an meiner Stelle wären?

MARINELLI: Vor allen Dingen, eine Kleinigkeit als eine Kleinigkeit ansehen, – und mir sagen, dass ich nicht vergebens sein wolle, was ich bin – Herr!

DER PRINZ: Schmeicheln Sie mir nicht mit einer Gewalt, von der ich hier keinen Gebrauch absehe. – Heute, sagen Sie? schon heute?

MARINELLI: Erst heute – soll es geschehen. Und nur geschehenen Dingen ist nicht zu raten. – *(Nach einer kurzen Überlegung.)* Wollen Sie mir freie Hand lassen, Prinz? Wollen Sie alles genehmigen, was ich tue?

DER PRINZ: Alles, Marinelli, alles, was diesen Streich abwenden kann.

MARINELLI: So lassen Sie uns keine Zeit verlieren. Aber bleiben Sie nicht in der Stadt. Fahren Sie sogleich nach Ihrem Lustschlosse, nach Dosalo. Der Weg nach Sabionetta geht da vorbei. Wenn es mir nicht gelingt, den Grafen augenblicklich zu entfernen: so denk ich – Doch, doch; ich glaube, er geht in diese Falle gewiss. Sie wollen ja, Prinz, wegen Ihrer Vermählung einen Gesandten nach Massa schicken? Lassen Sie den Grafen dieser Gesandte sein; mit dem Bedinge, dass er noch heute abreiset. –

DER PRINZ: Vortrefflich! – Bringen Sie ihn zu mir heraus. Gehen Sie, eilen Sie. Ich werfe mich sogleich in den Wagen.

(Marinelli geht ab.)

Der analytische Schwerpunkt liegt in diesem Kapitel auf der **Situationsanalyse** (▶ S. 56).

Erstes Textverständnis

1 Fassen Sie möglichst in einem Satz den wesentlichen Inhalt der vorliegenden Szene zusammen.

2 Welche Rolle spielen die verschiedenen Figuren, die auftreten oder genannt werden?
Skizzieren Sie im Rahmen unten die Figurenkonstellation:

- Ordnen Sie die Figuren räumlich entsprechend ihrer Stellung zueinander an;
- ziehen Sie Verbindungslinien zwischen ihnen und
- beschriften Sie diese gemäß den Beziehungen, die zwischen den Figuren herrschen.

Aspekte der Analyse

Tipp

Zum **Verfahren** für alle folgenden Aufgaben:
- **Markieren** Sie Textpassagen zu den einzelnen Aufgaben in verschiedenen Farben,
- notieren Sie **Stichworte** am Rand und
- fassen Sie Ihr **Ergebnis** dann kurz zusammen.

3 Beschreiben Sie kurz die aktuelle Lage des Prinzen.

4 Arbeiten Sie – wie im vorangegangenen Tipp empfohlen – heraus, wie der Prinz auf der einen und Marinelli auf der anderen Seite die Lage bewerten und wie sie mit ihr umgehen.

Der Prinz

Bewertung der Lage:

Reaktion:

Marinelli

Bewertung der Lage:

Reaktion:

5 Vor allem die Reaktion Marinellis, aber auch die des Prinzen verraten einiges über die Einstellungen zu Liebe und Ehe, die bei Hof herrschen. Insofern sind sie Teil der generellen Verhältnisse (der historischen Rahmenbedingungen, ► S. 57 oben), die die Situation prägen.
Beschreiben Sie diese Einstellung in ihren wesentlichen Zügen.

Zusammenführende Deutung

6 Beschreiben und erklären Sie die dargestellte Situation und die Lösung des gegebenen Konflikts, die sich abzeichnet. Unterscheiden Sie dabei zwischen den generellen Verhältnissen und der aktuellen Lage (► S. 57).

Kontextualisierung

7 Skizzieren Sie kurz, welche Konsequenzen das vorliegende Gespräch zwischen dem Prinzen und seinem Kammerherrn für den weiteren Verlauf der Handlung erwarten lässt. Berücksichtigen Sie dabei auch die generellen Verhältnisse (► S. 57).

Analyse

8 Charakterisieren und bewerten Sie zusammenfassend die gesellschaftlichen Verhältnisse, die in dieser Szene deutlich werden.

9 **Weiterführende Schreibaufträge**

a Lessing hat sein bürgerliches Trauerspiel „Emilia Galotti" nicht an einem deutschen, sondern an einem ausländischen Fürstenhof angesiedelt. Erklären Sie diese Tatsache; ziehen Sie dazu Ihre Kenntnisse über die politische Situation in Deutschland im letzten Drittel des 18. Jahrhunderts heran.

b Die Szene aus der „Emilia" und die aus Brechts „Galilei" (► S. 70 ff.) stehen in dem jeweiligen Schauspiel relativ weit vorne. Vergleichen Sie sie unter der Fragestellung miteinander, welchen Stellenwert sie für die jeweilige weitere Entwicklung des dramatischen Geschehens haben könnten.

5.2 Johann Wolfgang Goethe: Faust. Der Tragödie erster Teil (1808)

Goethes „Faust" ist eines der bedeutendsten Werke der deutschen Klassik. Über mehrere Jahrzehnte hat der Dichter mit zum Teil längeren Unterbrechungen an ihm gearbeitet: 1772 begann er die Arbeit am „Urfaust", 1808 wurde „der Tragödie erster Teil" veröffentlicht.
Dieser „Faust I" besteht seinerseits aus mehreren miteinander verzahnten Teilen. Vor allem wird unterschieden zwischen der „Gelehrtentragödie" und der „Gretchentragödie". Die „Gelehrtentragödie" zeigt Faust gleich zu Beginn desillusioniert und verbittert: Sein ganzes Leben hat er mit dem Studium der verschiedensten Wissenschaften verbracht und sich darum bemüht, zu erkennen, „was die Welt / Im Innersten zusammenhält". In seinem Eingangsmonolog beklagt er, dass ihm all seine Gelehrsamkeit nicht geholfen hat, dieses Ziel zu erreichen. Enttäuscht wendet er sich daher von den Wissenschaften ab, um „sich der Magie [zu] ergeben", in der Hoffnung, diese könne ihm weiterhelfen. Aber auch hier wird er enttäuscht. Mephisto holt ihn schließlich aus seinem Studierzimmer heraus und führt ihn in die Welt. Als er Gretchen zum ersten Mal sieht, möchte er sie sogleich besitzen. Mephisto lässt ihn heimlich in ihr Zimmer, als sie gerade bei einer Nachbarin weilt.

Die analytischen Schwerpunkte dieses Kapitels liegen auf der **Situationsanalyse** und der **Figurenanalyse** (▶ S. 56).

Johann Wolfgang Goethe

Faust. Der Tragödie erster Teil

Joseph Carl Stieler (1781–1858): J. W. Goethe (1828, Öl)

Abend. Ein kleines reinliches Zimmer.
[...]
MEPHISTOPHELES. FAUST.

MEPHISTOPHELES: Herein, ganz leise, nur herein!
FAUST *(nach einigem Stillschweigen)*:
Ich bitte dich, lass mich allein!
MEPHISTOPHELES *(herumspürend)*:
Nicht jedes Mädchen hält so rein. *(Ab.)*
FAUST *(rings aufschauend)*:
Willkommen, süßer Dämmerschein,
Der du dies Heiligtum durchwebst!
Ergreif mein Herz, du süße Liebespein,
Die du vom Tau der Hoffnung schmachtend lebst!
Wie atmet rings Gefühl der Stille,
Der Ordnung, der Zufriedenheit!
In dieser Armut welche Fülle!
In diesem Kerker welche Seligkeit! [...]
Ich fühl', o Mädchen, deinen Geist
Der Füll' und Ordnung um mich säuseln,
Der mütterlich dich täglich unterweist,
Den Teppich auf den Tisch dich reinlich breiten heißt,
Sogar den Sand zu deinen Füßen kräuseln.
O liebe Hand! so göttergleich!
Die Hütte wird durch dich ein Himmelreich.
Und hier!
(Er hebt einen Bettvorhang auf.)
Was fasst mich für ein Wonnegraus!
Hier möcht' ich volle Stunden säumen.

Natur! hier bildetest in leichten Träumen
Den eingebornen Engel aus!
Hier lag das Kind! mit warmem Leben
Den zarten Busen angefüllt,
Und hier mit heilig reinem Weben
Entwirkte sich das Götterbild!

Und du! Was hat dich hergeführt?
Wie innig fühl' ich mich gerührt!
Was willst du hier? Was wird das Herz dir schwer?
Armsel'ger Faust! ich kenne dich nicht mehr.

Umgibt mich hier ein Zauberduft?
Mich drang's, so grade zu genießen,
Und fühle mich in Liebestraum zerfließen!
Sind wir ein Spiel von jedem Druck der Luft?

Und träte sie den Augenblick herein,
Wie würdest du für deinen Frevel büßen!
Der große Hans, ach wie so klein!
Läg', hingeschmolzen, ihr zu Füßen.
MEPHISTOPHELES *(kommt)*:
Geschwind! ich seh' sie unten kommen.
FAUST: Fort! Fort! Ich kehre nimmermehr!
MEPHISTOPHELES:
Hier ist ein Kästchen leidlich schwer,
Ich hab's wo anders hergenommen
Stellt's hier nur immer in den Schrein,
Ich schwör' Euch, ihr vergehn die Sinnen;
Ich tat Euch Sächelchen hinein,
Um eine andre zu gewinnen.
Zwar Kind ist Kind und Spiel ist Spiel.
FAUST: Ich weiß nicht, soll ich?
MEPHISTOPHELES: Fragt Ihr viel?
Meint Ihr vielleicht den Schatz zu wahren?
Dann rat' ich Eurer Lüsternheit,
Die liebe schöne Tageszeit
Und mir die weitre Müh zu sparen.
Ich hoff' nicht, dass Ihr geizig seid!
Ich kratz' den Kopf, reib an den Händen –
(Er stellt das Kästchen in den Schrein und drückt das Schloss wieder zu.) Nur fort! geschwind! –,
Um Euch das süße junge Kind
Nach Herzens Wunsch und Will' zu wenden;
Und Ihr seht drein,
Als solltet Ihr in den Hörsaal hinein,
Als stünden grau leibhaftig vor Euch da
Physik und Metaphysika!
Nur fort! *(Ab.)*

Erstes Textverständnis

1 Fassen Sie kurz schriftlich zusammen, was Sie dem Dramenauszug über die seelische Verfassung der Figur Faust entnehmen können.

Aspekte der Analyse

2 **a** Was fällt Faust in Gretchens Zimmer auf? Welche Werte und Tugenden meint er wahrnehmen zu können? Markieren Sie die entsprechenden Stellen im Text.

b Untersuchen Sie die Sprache, in der Faust das Zimmer und seine Bewohnerin beschreibt. Aus welchem Bereich stammt das zentrale semantische Feld (Feld der Wortbedeutung)? Markieren Sie wiederum im Text und fassen Sie Ihr Ergebnis hier kurz zusammen:

Das zentrale semantische Feld stammt

3 Arbeiten Sie heraus, wie sich die Atmosphäre des Zimmers auf Faust auswirkt.

4 Zeigen Sie, welche Rolle Mephisto in dieser Szene spielt. Notieren Sie in Stichworten und belegen Sie Ihr Urteil durch Stichwort-Zitat und Versangabe:

Kontextualisierung

Erst kurz zuvor hatte Faust Gretchen zum ersten Mal gesehen und sofort von Mephisto verlangt, er solle ihm „die Dirne schaffen". Seine Forderung hatte er unterstrichen mit der Drohung: „Wenn nicht das süße junge Blut / Heut Nacht in meinen Armen ruht / So sind wir um Mitternacht geschieden." (im Gesamtwerk V. 2636 ff.) Mephistos Einwand, er brauche dazu viel Zeit, war er mit den Worten begegnet:

Hätt ich nur sieben Stunden Ruh,
Brauchte den Teufel nicht dazu,
So ein Geschöpfchen zu verführen.
(V. 2642 f.)

5 Vergleichen Sie Fausts Haltung gegenüber Gretchen in diesen beiden Szenen:

Fausts Haltung gegenüber Gretchen auf der Straße:	→	Fausts Haltung gegenüber Gretchen bei seinem heimlichen Besuch in ihrem Zimmer:
______________________		______________________
______________________		______________________
______________________		______________________
______________________		______________________

Analyse

6 Halten Sie Ihre Untersuchungsergebnisse zusammenhängend in Ihrer Kursmappe fest. Beachten Sie folgende Aspekte:

- den Eindruck, den Gretchens Zimmer macht,
- die Darstellung des Eindrucks (Sprache),
- die Wirkung, die Gretchens Zimmer ausübt,
- den Vergleich mit Fausts Haltung in der vorangehenden Straßenszene,
- die Rolle Mephistos.

7 **Weiterführender Schreibauftrag**

Der Auszug, den Sie bisher untersucht haben, steht am Beginn der so genannten Gretchentragödie. In der vorangehenden „Gelehrtentragödie" hatte Faust sich unter anderem das „Zeichen des Makrokosmus" angesehen. Das ist eine schematische Darstellung des Universums, die vor allem den Zusammenhang der verschiedenen Kräfte darstellt, die in ihm wirken. Der folgende Auszug zeigt Fausts Gefühle bei diesem Anblick:

Nacht

[…]
(Er schlägt das Buch auf und erblickt
das Zeichen des Makrokosmus.)

Ha! welche Wonne fließt in diesem Blick
Auf einmal mir durch alle meine Sinnen!
Ich fühle junges, heil'ges Lebensglück
Neu glühend mir durch Nerv' und Adern rinnen.
War es ein Gott, der diese Zeichen schrieb,
Die mir das innre Toben stillen,
Das arme Herz mit Freude füllen
Und mit geheimnisvollem Trieb
Die Kräfte der Natur rings um mich her enthüllen?
Bin ich ein Gott? Mir wird so licht!
Ich schau in diesen reinen Zügen
Die wirkende Natur vor meiner Seele liegen.
Jetzt erst erkenn ich, was der Weise spricht:
„Die Geisterwelt ist nicht verschlossen;
Dein Sinn ist zu, dein Herz ist tot!
Auf, bade, Schüler, unverdrossen
Die ird'sche Brust im Morgenrot!"
(Er beschaut das Zeichen.)
Wie alles sich zum Ganzen webt,
Eins in dem andern wirkt und lebt!
Wie Himmelskräfte auf und nieder steigen
Und sich die goldnen Eimer reichen!
Mit segenduftenden Schwingen
Vom Himmel durch die Erde dringen,
Harmonisch all das All durchklingen!

a Arbeiten Sie heraus, wie das Zeichen des Makrokosmus auf Faust wirkt.

b Untersuchen Sie Fausts Sprache und bestimmen Sie das zentrale semantische Feld. Markieren Sie jeweils die entsprechenden Textstellen.

c Vergleichen Sie die beiden Ausschnitte miteinander und zeigen Sie an ihnen exemplarisch, inwiefern die beiden Teile des „Faust I" – die „Gretchentragödie" und die „Gelehrtentragödie" – miteinander verzahnt sind.

5.3 Georg Büchner: Woyzeck (1879)

Info

Das Fragment gebliebene Drama „Woyzeck" von Georg Büchner (1813–1837) ist in inhaltlicher wie in formaler Hinsicht revolutionär: inhaltlich insofern, als es in ungeschminkter Darstellung der Schattenseiten der gesellschaftlichen Wirklichkeit erstmals den „Antihelden" in den Mittelpunkt rückt, den kleinen Soldaten Woyzeck, der durch seine Umwelt in eine Psychose getrieben wird, aus der heraus er einen Mord begeht; formal in der Abkehr von der klassischen Dramenform, das heißt im Verzicht auf stringente Handlungsführung (Drama der „offenen Form", ▶ S. 56) und in der Auflösung der Dialoge in Monologfetzen und wirre Rede. „Woyzeck" gilt als Beginn des sozialen Dramas, es ist eines der meistgespielten Stücke auf deutschen Bühnen.

August Hoffmann (1810–1872): Georg Büchner (1835, Stahlstich von A. Limbach nach einer Zeichnung von A. Hoffmann)

„Woyzeck" spiegelt das sozialpolitische Engagement Büchners wider. Dieses hatte sich bereits während seiner Studienzeit in Gießen in der Gründung der geheimen „Gesellschaft für Menschenrechte" gezeigt sowie in der Flugschrift „Der Hessische Landbote" (beides 1834), die unter dem Motto „Friede den Hütten! Krieg den Palästen!" die Ausbeutung des einfachen Volkes durch die Regierung des Großherzogtums Hessen brandmarkte. Der darauf einsetzenden Verfolgung durch die Polizei konnte Büchner sich nur durch eine Flucht nach Straßburg entziehen, wo er seine Studien der Naturwissenschaften und der Philosophie fortführte. 1836 wurde er in Zürich Privatdozent für Anatomie, schon im darauf folgenden Jahr starb er an Typhus.
Sein Dramenfragment „Woyzeck" ist in verschiedenen Handschriften überliefert, die Büchner selbst nicht in eine endgültige Form oder Reihenfolge gebracht hat. Sie werden von der Forschung mit „Ha" bis „He" bezeichnet. Erstmals veröffentlicht wurde es 1879.

Der analytische Schwerpunkt dieses Kapitels liegt auf der **Figurenanalyse** (▶ S. 56), einbezogen ist die Handlungsanalyse.

Der Barbier und Soldat Woyzeck ist ungebildet und arm, er muss sich auf jede erdenkliche Weise ein Zubrot verdienen, um überleben zu können. Er verdingt sich unter anderem bei einem Doktor, der ihn gegen geringes Entgelt als Versuchskaninchen missbraucht: Woyzeck darf sich nur von Erbsen ernähren, weil der Doktor die Auswirkungen dieser Diät erforschen will, wovon er sich großen medizinischen Ruhm erhofft. (Diese Figur hatte ein historisches Vorbild: einen Gießener Medizinprofessor, der mit Menschen experimentierte.) Während Woyzeck an diesem Experiment teilnimmt, verliebt sich seine Geliebte Marie, mit der er ein uneheliches Kind hat, in einen Tambourmajor. Woyzeck sieht Liebe und militärische Stellung bedroht, in rasender Eifersucht ersticht er Marie.
Die hier ausgewählte Szene „Der Hof des Doktors" zeigt den Mediziner als akademischen Lehrer.

Skizzen zu Wozzeck von Jürgen Rose; Bühnenbild zur gleichnamigen Oper von Alban Berg; Inszenierung Wolfgang Schwallisch, 1982, Bayerische Staatsoper

Georg Büchner

Der Hof des Doktors

(Handschrift He, Szene He, 1)

Studenten unten, der Doktor am Dachfenster.

[DOKTOR:] Meine Herrn, ich bin auf dem Dach, wie David, als er die Bathseba[1] sah; aber ich sehe nichts als die Culs de Paris[2] der Mädchenpension im Garten trocknen. Meine Herrn wir sind an der wichtigen Frage über das Verhältnis des Subjekts zum Objekt. Wenn wir nur eins von den Dingen nehmen, worin [sich] die organische Selbstaffirmation[3] des Göttlichen, auf einem so hohen Standpunkte manifestiert[,] und ihr Verhältnis zum Raum, zur Erde, zum Planetarischen untersuchen, meine Herrn, wenn ich diese Katze zum Fenster hinauswerfe, wie wird diese Wesenheit sich zum Centrum gravitationis[4] und dem eigenen Instinkt verhalten? He Woyzeck, *(brüllt)* Woyzeck!

WOYZECK: Herr Doktor sie beißt.

DOKTOR: Kerl, er greift die Bestie so zärtlich an, als wär's seine Großmutter.

WOYZECK: Herr Doktor ich hab's Zittern.

DOKTOR: *(ganz erfreut)* Ei, ei, schön Woyzeck. *(Reibt sich die Hände. Er nimmt die Katze.)* Was seh' ich meine Herrn, die neue Spezies Hasenlaus, eine schöne Spezies[5], wesentlich verschieden, enfoncé[6] der Herr Doktor *(er zieht eine Lupe heraus)* Ricinus[7] meine Herren – *(die Katze läuft fort.)* Meine Herrn, das Tier hat keinen wissenschaftlichen Instinkt – Ricinus, herauf, die schönsten Exemplare, bringen Sie Ihre Pelzkragen. Meine Herrn, Sie können dafür was anders sehen, sehn Sie, der Mensch, seit einem Vierteljahr isst er nichts als Erbsen, beachten Sie die Wirkung, fühlen Sie einmal was ein ungleicher Puls, da und die Augen.

WOYZECK: Herr Doktor es wird mir dunkel. *(Er setzt sich.)*

DOKTOR: Courage! Woyzeck noch ein Paar Tage, und dann ist's fertig, fühlen Sie meine Herrn fühlen Sie, *(Sie betasten ihm Schläfe, Puls und Busen.)* à propos, Woyzeck, beweg den Herrn doch einmal die Ohren, ich hab es Ihnen schon zeigen wollen, zwei Muskeln sind bei ihm tätig. Allons[8] frisch!

WOYZECK: Ach Herr Doktor!

DOKTOR: Bestie, soll ich dir die Ohren bewegen, willst du's machen wie die Katze! So meine Herrn, das sind so Übergänge zum Esel, häufig auch in Folge weiblicher Erziehung und die Muttersprache. Alles Haar hat dir die Mutter zum Andenken schon ausgerissen aus Zärtlichkeit? Sie sind dir ja ganz dünn geworden, seit ein paar Tagen, ja die Erbsen, meine Herren.

1 ***Bathseba:*** *Anspielung auf eine Begebenheit aus dem 2. Buch Samuel im Alten Testament: Vom Dach seines Hauses aus sieht König David die im Nachbargarten badende Bathseba, die Frau seines Feldherrn Uria.*
2 ***Cul de Paris:*** *Polster, das unter dem Rock getragen wurde und ein kräftiges Gesäß simulieren sollte*
3 ***Affirmation:*** *Bestätigung, Bekräftigung*
4 ***centrum gravitationis:*** *Gravitationszentrum, d.h. Zentrum der Schwerkraft, Erde*
5 ***Spezies:*** *Art (im biologischen Klassifizierungssystem der Lebewesen)*
6 ***enfoncé:*** *eingegraben (eigentlich: eingerammt)*
7 ***Ricinus:*** *lat. Name dieser Läuseart*
8 ***Allons:*** *Los! (Wörtlich: Gehen wir!)*

Die Schreibweise folgt der Handschrift He.

Erstes Textverständnis

1 Geben Sie an, welche Situation des Universitätsbetriebes hier dargestellt ist.

Die Szene stellt eine ______________________________ dar.

2 Die Situation scheint sich in Zeile 14 noch einmal geringfügig zu ändern. Überlegen Sie, mit welcher zusätzlichen Regieanweisung man das deutlich machen könnte.

Mögliche zusätzliche Regieanweisung in Zeile 14:

____

Aspekte der Analyse

3 Beschreiben Sie die Rollenverteilung zwischen den verschiedenen Personen. Wer hat welche Funktion?

Doktor:

Studenten:

Woyzeck:

4 Untersuchen Sie die Figur des Doktors.

a Analysieren Sie die einleitenden Worte des Doktors („Rede", Z. 1–14) unter den Fragestellungen

- was sein erklärtes Ziel (Anliegen) ist,
- wie er dieses Ziel formuliert und
- mit welchem Mittel er es erreichen will.

Die begonnenen Sätze greifen diese Aspekte der Analyse auf und fordern eine Bewertung. Ergänzen Sie sie.

Das erklärte Ziel des Doktors ist

Sprachlich fällt auf, dass

Er will sein Ziel erreichen, indem er

Setzt man Sprache und Verhalten in eine Beziehung zueinander, fällt auf

b Beschreiben Sie das Verhalten des Doktors gegenüber Woyzeck:
- Beachten Sie auch die Art und Weise, wie der Doktor mit Woyzeck spricht.
- Beziehen Sie die Regieanweisungen mit in Ihre Beobachtungen ein und belegen Sie am Text.
- Ziehen Sie den nachfolgend abgedruckten Auszug aus dem hippokratischen Eid heran.

Der hippokratische Eid, benannt nach dem griechischen Arzt Hippokrates von Kos (460–377 v. Chr.), bestimmt von alters her den Umgang des Arztes mit dem Patienten:

> Die diätetischen Maßnahmen werde ich nach Kräften und gemäß meinem Urteil zum Nutzen der Kranken einsetzen, Schädigung und Unrecht aber ausschließen. [...] zum Nutzen der Kranken will ich eintreten und mich von jedem vorsätzlichen Unrecht und jeder anderen Sittenlosigkeit fernhalten [...]

Zusammenführende Deutung

5 Beschreiben und erläutern Sie die vorliegende Szene mit Blick
- auf die Figur des Woyzeck (und seinen Anteil am Gespräch) und
- auf die Studenten.

Analyse

6 Ziehen Sie die einführenden Informationen über Stück und Autor von ► S. 66 heran und fassen Sie Ihre Ergebnisse zusammen, indem Sie auf ein Zitat aus dem Stück Bezug nehmen: „Beachten Sie die Wirkung." (Z. 30)

7 **Weiterführender Schreibauftrag**

Verfassen Sie für ein literarisches Handbuch einen kurzen Artikel, in dem Sie die Funktion der Figur des Doktors im „Woyzeck" darstellen. Berücksichtigen Sie dabei neben den Ergebnissen Ihrer Szenenanalyse Ihre Informationen über Georg Büchner und sein gesellschaftliches Anliegen (► S. 66).

5.4 Bertolt Brecht: Das Leben des Galilei (1956)

Info

Bertolt Brecht (Foto undatiert)

In Bertolt Brechts (▶ S. 56) Schauspiel „Das Leben des Galilei" geht es um den großen italienischen Mathematiker, Physiker und Astronomen Galileo Galilei (1564–1642). Dieser vertrat öffentlich das von Nikolaus Kopernikus entworfene so genannte „heliozentrische Weltbild", demzufolge die Sonne (griechisch „helios") im Mittelpunkt des Universums steht. Damit setzte sich Galilei in Widerspruch zur römischen Kirche, die am althergebrachten „geozentrischen Weltbild" festhielt. Dieses ist vor allem mit dem Namen des griechischen Astronomen Ptolemäus (2. Jh. n. Chr.) verbunden („ptolemäisches Weltbild"), aber auch der griechische Philosoph Aristoteles (4. Jh. v. Chr.), der von den Philosophen der frühen Neuzeit als unumstößliche Autorität betrachtet wurde, hatte es bereits vertreten. Danach sollte die Erde (griechisch „gäa", daher „geozentrisch") im Mittelpunkt des Universums stehen.
Die Kirche verteidigte mit dem geozentrischen Weltbild zugleich die Überzeugung, dass mit der Erde auch die auf ihr lebenden Menschen im Zentrum stünden – und das bedeutete vor allem: im Zentrum der Aufmerksamkeit und liebenden Hinwendung Gottes. Wurde die Erde an den Rand gerückt, war auch der Mensch eine „Randerscheinung" und konnte sich der Aufmerksamkeit des Schöpfers nicht mehr sicher sein. Galilei gründet seine Position allerdings nicht auf theologisch-philosophische Überlegungen, seine Argumente sind ganz anderer Art. Eine entscheidende Rolle spielt dabei das kurz zuvor in Holland erfundene Fernrohr.

Das Schauspiel weist, vordergründig betrachtet, weniger deutlich als andere Dramen Brechts die Züge des epischen Theaters auf (▶ S. 56); so gibt es weder Songs noch die Figur des Erzählers. Die wesentlichen Aspekte dieser Theaterform stecken jedoch bereits im Stoff selbst: im Demonstrieren empirischer Tatsachen, in der Haltung des Erklärens und der Belehrung sowie im Disput, also dem akademischen Streitgespräch, als der vorherrschenden Form des Dialogs. Darüber hinaus bestimmen diese Elemente aber auch wesentlich die dramaturgische Zeichnung der Figuren im „Galilei".

Der folgende Auszug entstammt dem vierten Bild, in dem Galilei den Großherzog und zwei Vertreter der Universität von Florenz, einen Philosophen und einen Mathematiker, empfängt. Andrea ist sein Schüler.
Die analytischen Schwerpunkte bilden hier die **Gesprächsanalyse** und die **Figurenanalyse** (▶ S. 56).

Bertolt Brecht

Das Leben des Galilei

GALILEI: Eure Hoheit, ich bin glücklich, in Eurer Gegenwart die Herren Eurer Universität mit den Neuerungen bekannt machen zu dürfen. [...] *am Fernrohr:* Wie Eure Hoheit zweifellos wissen, sind wir Astronomen seit einiger Zeit mit unseren Berechnungen in große Schwierigkeiten gekommen. Wir benützen dafür ein sehr altes System, das sich in Übereinstimmung mit der Philosophie, aber leider nicht mit den Fakten zu befinden scheint. Nach diesem alten System, dem ptolemäischen, werden die Bewegungen der Gestirne als äußerst verwickelt angenommen. [...] Aber selbst solche schwierigen Bewegungen annehmend, sind wir nicht in der Lage, die Stellung der Gestirne richtig vorauszuberechnen. Wir finden sie nicht an den Orten, wo sie eigentlich sein müßten. Dazu kommen solche Gestirnbewegungen, für welche das ptolemäische System überhaupt keine Erklärung hat. Bewegungen dieser Art scheinen mir einige von mir neu entdeckte kleine Sterne um den Planeten Jupiter zu vollführen. Ist es den Herren angenehm, mit einer Besichtigung der Jupitertrabanten zu beginnen, der Mediceischen Gestirne[1]? [...]

DER PHILOSOPH: [...] Ich fürchte, das alles ist nicht ganz so einfach. Herr Galilei, bevor wir Ihr berühmtes Rohr applizieren[2], möchten wir um das Vergnügen eines Disputs bitten. Thema: Können solche Planeten existieren?

[1] ***Mediceische Gestirne:*** *Galilei benannte 1610 die vier von ihm entdeckten Jupitermonde nach dem einflussreichen florentinischen Patriziergeschlecht der Medici.*
[2] ***applizieren:*** *anwenden*

DER MATHEMATIKER: Eines formalen Disputs.
GALILEI: Ich dachte mir, Sie schauen einfach durch das Fernrohr und überzeugen sich?
ANDREA: Hier, bitte.
DER MATHEMATIKER: Gewiß, gewiß. – Es ist Ihnen natürlich bekannt, daß nach der Ansicht der Alten Sterne nicht möglich sind, die um einen anderen Mittelpunkt als die Erde kreisen, noch solche Sterne, die im Himmel keine Stütze haben?
GALILEI: Ja.
DER PHILOSOPH: Und, ganz absehend von der Möglichkeit solcher Sterne, die der Mathematiker *er verbeugt sich gegen den Mathematiker* zu bezweifeln scheint, möchte ich in aller Bescheidenheit als Philosoph die Frage aufwerfen: sind solche Sterne nötig? Aristotelis divini universum[3] ...
GALILEI: Sollten wir nicht in der Umgangssprache fortfahren? Mein Kollege, Herr Federzoni, versteht Latein nicht.
DER PHILOSOPH: Ist es von Wichtigkeit, daß er uns versteht?
GALILEI: Ja.
DER PHILOSOPH: Entschuldigen Sie mich. Ich dachte, er ist Ihr Linsenschleifer.
ANDREA: Herr Federzoni ist ein Linsenschleifer und ein Gelehrter.
DER PHILOSOPH: Danke, mein Kind. Wenn Herr Federzoni darauf besteht ...
GALILEI: Ich bestehe darauf.
DER PHILOSOPH: Das Argument wird an Glanz verlieren, aber es ist Ihr Haus. – Das Weltbild des göttlichen Aristoteles mit seinen mystisch musizierenden Sphären und kristallenen Gewölben und den Kreisläufen seiner Himmelskörper und dem Schiefenwinkel der Sonnenbahn und den Geheimnissen der Satellitentafeln und dem Sternenreichtum des Katalogs der südlichen Halbkugel und der erleuchteten Konstruktion des celestialen Globus[4] ist ein Gebäude von solcher Ordnung und Schönheit, daß wir wohl zögern sollten, diese Harmonie zu stören.
GALILEI: Wie, wenn Eure Hoheit die sowohl unmöglichen als auch unnötigen Sterne nun durch dieses Fernrohr wahrnehmen würden? [...]
DER MATHEMATIKER: Es wäre doch viel förderlicher, Herr Galilei, wenn Sie uns die Gründe nennten, die Sie zu der Annahme bewegen, daß in der höchsten Sphäre des unveränderlichen Himmels Gestirne freischwebend in Bewegung sein können.
DER PHILOSOPH: Gründe, Herr Galilei, Gründe!
GALILEI: Die Gründe? Wenn ein Blick auf die Gestirne selber und meine Notierungen das Phänomen zeigen? Mein Herr, der Disput wird abgeschmackt. [...] Werden die Herren nun also durchschauen oder nicht?
DER PHILOSOPH: Sicher, sicher.
DER MATHEMATIKER: Sicher.
Pause. Plötzlich wendet sich Andrea um und geht steif ab durch den ganzen Raum. Seine Mutter fängt ihn auf.
FRAU SARTI: Was ist los mit dir?
ANDREA: Sie sind dumm. *Er reißt sich los und läuft weg.* [...]
DER MATHEMATIKER: Warum einen Eiertanz aufführen? Früher oder später wird Herr Galilei sich doch noch mit den Tatsachen befreunden müssen. Seine Jupiterplaneten würden die Sphärenschale durchstoßen. Es ist ganz einfach.
FEDERZONI: Sie werden sich wundern: es gibt keine Sphärenschale.
DER PHILOSOPH: Jedes Schulbuch wird Ihnen sagen, daß es sie gibt, mein guter Mann.
FEDERZONI: Dann her mit neuen Schulbüchern.
DER PHILOSOPH: Eure Hoheit, mein verehrter Kollege und ich stützen uns auf die Autorität keines Geringeren als des göttlichen Aristoteles selber.
GALILEI: *fast unterwürfig*: Meine Herren, der Glaube an die Autorität des Aristoteles ist eine Sache, Fakten, die mit Händen zu greifen sind, eine andere. Meine Herren, ich ersuche Sie in aller Demut, Ihren Augen zu trauen. [...]
DER MATHEMATIKER: Lieber Galilei, ich pflege mitunter, so altmodisch es Ihnen erscheinen mag, den Aristoteles zu lesen und kann Sie dessen versichern, daß ich da meinen Augen traue.
GALILEI: Ich bin es gewohnt, die Herren aller Fakultäten sämtlichen Fakten gegenüber die Augen schließen zu sehen und so zu tun, als sei nichts geschehen. Ich zeige meine Notierungen, und man lächelt, ich stelle mein Fernrohr zur Verfügung, daß man sich überzeugen kann, und man zitiert Aristoteles. Der Mann hatte kein Fernrohr! [...]
GALILEI: Die Wahrheit ist das Kind der Zeit, nicht der Autorität. Unsere Unwissenheit ist unendlich, tragen wir einen Kubikmillimeter ab! Wozu jetzt noch so klug sein wollen, wenn wir endlich ein klein wenig weniger dumm sein können! Ich habe das unvorstellbare Glück gehabt, ein neues Instrument in die Hand zu bekommen, mit dem man ein Zipfelchen des Universums etwas, nicht viel, näher besehen kann. Benützen Sie es.
DER PHILOSOPH: Eure Hoheit, meine Damen und Herren, ich frage mich nur, wohin dies alles führen soll. [...] R

[3] ***Aristotelis divini universum:*** *das Weltall oder Weltbild des göttlichen Aristoteles*
[4] ***celestialer Globus:*** *Himmelskugel*

Erstes Textverständnis

1 **a** Formulieren Sie auf der Grundlage Ihrer ersten Lektüre die Streitfrage, um die es in diesem Gespräch geht, und die Positionen, die vertreten werden.

Die Streitfrage lautet: ______

______

b Ordnen Sie die Personen den Positionen zu.

Position 1:	**Personen**
Position 2:	**Personen**

Aspekte der Analyse

Tipp

Hinweise zur Analyse von Argumentationen

Markieren Sie die argumentierenden Passagen mit unterschiedlichen Farben im Text. Kennzeichnen Sie am Rand neben dem Text die Positionen und die Argumente. Dazu können Sie folgende Abkürzungen verwenden:

- P1 / P2 = Position 1 bzw. Position 2
- W = Wertargument (normatives Argument)
- F = Faktenargument (Tatsachenargument)
- A = Autoritätsargument

2 Untersuchen und bestimmen Sie die Argumente, die für die beiden Positionen vorgebracht werden. Fassen Sie Ihre Ergebnisse kurz zusammen. Halten Sie auch fest, wie der Begriff „Tatsache" verstanden wird und woraus Begründungen abgeleitet werden.

Argumente zu Position 1: ______

Argumente zu Position 2: ______

Tatsache: ______

3 Untersuchen Sie den Verlauf des Gesprächs. Wo gibt es Einschnitte? Wo, wodurch und in welcher Weise ändert sich der „Umgangston“? Arbeiten Sie auch hier mit Markierungen im Text und mit Randnotizen.

Die folgende Aufgabe geht über in die Kategorie der Figurenanalyse:

4 Sammeln Sie mit Blick auf die Diskussion um die Sprache, in der das Gespräch geführt werden soll, Stichworte für eine kurze Charakterisierung Galileis und des Philosophen. Begründen Sie.

Philosoph: ______________________

____

____

Galilei: ______________________

____

____

5 Betrachten Sie nun den Text unter dem Aspekt des „epischen Theaters“.
Welchen Eindruck vom herrschenden Wissenschaftsbetrieb vermittelt das Drama?

____

6 Weisen Sie die Mittel des epischen Theaters an der abgedruckten Dramenszene nach („Gestus des Zeigens“, ► S. 56 und 70 oben, Erklären und Belehren). Beachten Sie in diesem Zusammenhang den Kommentar des Andrea.

____

____

Kontextualisierung

7 In der Figur des Galilei hat Brecht seine eigene Auffassung von der gesellschaftlichen Rolle der Wissenschaft dargestellt. Unterstreichen Sie im Text entsprechende Passagen und skizzieren Sie kurz Brechts Position.

____

____

Analyse

8 Analysieren Sie den Dramenauszug mit Blick auf den Zusammenhang zwischen der Argumentation der Gesprächsteilnehmer und dem Gesprächsverlauf auf der einen und den Ansatz des epischen Theaters auf der anderen Seite.

9 **Weiterführende Schreibaufträge**

- Verfassen Sie zwei Monologe im Anschluss an das Gespräch: einen Monolog Galileis und einen Monolog des Philosophen. In diesen sollten alle relevanten Aspekte des Gesprächs berücksichtigt werden.
- Andrea, der junge Schüler Galileis, sagt an einer Stelle über die Besucher: „Sie sind dumm.“ Schreiben Sie einen Tagebucheintrag, in dem Andrea erklärt, warum er die Gäste als dumm empfindet.

6 Übungen: Lyrik

Im folgenden Kapitel können Sie die Analyse von Gedichten an verschiedenen Gedichtformen unterschiedlicher Epochen trainieren.

Info

Analytische Begriffe zur Erschließung lyrischer Texte

Gedichte sind besonders dicht strukturierte und – etwa durch Bilder und Metrum – mehrfach kodierte Texte. Die Gedichtanalyse ist ein objektiviertes Verfahren des Verstehens. Sie verlangt von Ihnen, Einsichten über den bewusst komponierten (verschlüsselten) **Zusammenhang eines lyrischen Textes** zu gewinnen und diesen nachprüfbar mitzuteilen, bezogen auf die Aspekte

- Thema (dafür wichtig: Überschrift),
- Inhalt,
- Sprache und
- Form/Struktur.

Zentral für das Verständnis sind

- die **Bildlichkeit** des Gedichts (Formen „uneigentlichen Sprechens" – Vergleiche, Metaphern, Chiffren). Lyrische Texte sind meist mehrdeutig und spielen mit der Verschiebung der Aussagen von der Konnotation zur Assoziation. Die Mehrdeutigkeit liegt in der Verschmelzung von Sach- und Bildbereich; Entschlüsselung (Dekodierung) ist zum Verständnis notwendig, sie ist also Teil der Bedeutung des Textes;
- die **Rolle des Sprechers**, also des vorgestellten Subjekts (**lyrisches Ich** ist nicht der Autor!); (Gegensatz von) Außenwelt und Innenwelt seiner Wahrnehmung;
- die verwendete **Sprachform** (Wortwahl, klangliche Faktoren, syntaktisch-stilistische Merkmale).

Hilfreich kann die Untersuchung der **metrisch-rhythmischen Gestaltung** (Reim-, Strophen-, Gedichtform, Metrum, Rhythmus) sein, wenn sich daraus erhellende Einblicke ableiten lassen.

Die fünf Schritte der Analyse (▶ Vordere Umschlaginnenseite, Punkt 1) sind für die Deutung von Gedichten ebenfalls anwendbar. Gehen Sie vor wie folgt:

Schritt 1: Erstes Textverständnis

- Wiedergabe des ersten Leseeindrucks: Ansprechen der Grundstimmung, des zentralen Gedankens, der Sinnmitte; Titel; Formulieren einer Interpretationshypothese

Schritt 2: Aspekte der Analyse

- Beschreibung der **äußeren Form**: Strophe, Vers/Reim, Metrum, Gedichtform/Gedichttyp
- Benennung des **Aussageschwerpunktes** und der **Rolle des Sprechers** (des lyrischen Ichs) in ihrem Verhältnis zur Strophenordnung oder zum äußeren Aufbau des Gedichtes

Analyse der **textformenden Elemente** in ihrer Bedeutung (auf sinnvolle, zur besonderen Aussage und Form des Gedichts passende Integration der Aussagen achten):

- **Gedichtform/Strophenform**: Reim, Versmaß
- **Semantik/Wortbedeutung:** Wortwahl, Herkunft der Wörter (Bereich, Sprachebene, Etymologie), bevorzugte Wortfelder; Wortarten und -formen (Vorkommen, Leistung); Neubildungen (Neologismen), altertümliche Wendungen; Leitwörter oder Zentralbegriffe; rhetorische Figuren
- **Syntax/Satzbau**: Eigenarten des Satzbaus: Parataxe, Hypotaxe, unvollständige Sätze/Ellipsen, Wortstellung/Inversionen; Anrede, Ausruf, Interjektionen; unverbundene Reihung (Asyndeton), Reihung (Polysyndeton); Verhältnis von Satz und Vers zu Strophe, Enjambement
- **Metaphorik/sprachliche Bilder:** Metaphern, Vergleiche, Symbole (▶ S. 9), Topoi (▶ S. 87), Herkunftsbereiche der Bilder
- **Sprachgebärde:** pathetisch, reflexiv, erzählend, hymnisch, melancholisch, sachlich, ironisch usw.
- **Klang:** Alliteration (Wiederholungen von Anfangsbuchstaben bei Wörtern einer Zeile); Vokalqualitäten, Klangfarben
- **Rhythmus:** Verhältnis von Metrum und Rhythmus, Versfuß, Ablauf der (Sprech-)Bewegung: fließend, glatt, erregt, unregelmäßig …

Info

Schritt 3: Zusammenführende Deutung
- Sichtung und **Auswertung** der bisher erarbeiteten Ergebnisse, Überprüfung und gegebenenfalls Korrektur der Interpretationshypothese für die abschließende Ausarbeitung der Analyse in Schritt 5

Schritt 4: Kontextualisierung
- Einordnung in eine **Epoche**
- Analyse von epochentypischen Merkmalen: z. B. in Themenwahl, formaler Gestaltung (Gattung, Versmaß, Strophenform), Metaphorik

Schritt 5: Analyse
- deutende Zuordnung der Einzelbeobachtungen zum Aussagegehalt des Textes; Korrektur, Ergänzung der ursprünglichen Interpretationshypothese
- soweit gefordert: persönliche Stellungnahme und Versuch einer Wertung

6.1 Barock

Info

BAROCK

Das (auch: der) Barock ist eine europäische Kulturepoche, angesiedelt zwischen 1550 und 1750. Das deutsche Barock mit besonderen Ausprägungen in Literatur, Kunst, Architektur und Musik wird zwischen 1600 und 1720 angesetzt und ist wesentlich durch die Erfahrungen des Dreißigjährigen Krieges (1618–1648) geprägt. Das Lebensgefühl ist im Barock von starken Gegensätzen geprägt:

Philippe de Champaigne (1602–1674): Vanitas, Allegorie der Vergänglichkeit (ca. 1650)

- Den prunkvollen Bauten und der Lebenslust des fürstlichen Absolutismus, der Sinneslust und **Lebensgier** der Epoche (**carpe diem** = ergreife, nutze den Tag!) steht ein Gefühl der **Vergeblichkeit (vanitas)** aller menschlichen Anstrengungen gegenüber, das sich u.a. auf die Zerstörungen durch den Dreißigjährigen Krieg und die damit verbundenen Erfahrungen fundamentaler Verunsicherung bezieht.
- Den bedrückenden Erfahrungen im endlichen Diesseits und dem quälenden Bewusstsein vom nahenden **Tod** des Leibes (**memento mori** = denke daran, dass du sterben musst) steht die religiöse Verheißung des Jenseits, der Ewigkeit des Himmels für die Seele gegenüber.
- Schöner Schein und begrenztes, sterbliches Sein aller irdischen Güter stehen sich antithetisch gegenüber.

Gedichte des Barocks analysieren

Die folgenden Fachbegriffe helfen, Gedichte des Barocks zu verstehen und zu beschreiben. Unterlegt finden Sie Gesichtspunkte, die bei der Gedichtanalyse eine Rolle spielen können, sowie Beispiele für konkrete Ausformungen.

Gedichtform/Strophenform/Reim

Sonett: Gedichtform, die seit dem 17. Jahrhundert in vielen europäischen Literaturen eine feststehende Struktur aufweist: Das Sonett besteht aus 14 Zeilen, die sich zu zwei vierzeiligen (Quartetten) und zwei dreizeiligen Strophen (Terzetten) gruppieren. Die Quartette weisen meistens einen umschließenden Reim (a b b a) und die Terzette oft einen Schweifreim (a a b c c b) auf.

Info

Versform

Alexandriner: Sechshebiger jambischer Vers, der z. B. das Barock-Sonett prägt. Der Alexandriner weist nach der dritten Hebung (betonten Silbe), also insgesamt nach der sechsten Silbe, oft eine deutliche Zäsur (einen Sinneinschnitt) auf und gliedert den Vers damit in zwei Halbverse, die inhaltlich zum Teil antithetische (gegensätzliche), zum Teil aber auch parallele Aussagen machen.

Versmaß/Versfuß

Jambus: Versfuß (kleinste metrische Einheit eines lyrischen Verses), der aus einer unbetonten und einer betonten Silbe besteht und so einen steigenden Rhythmus ergibt. Eine umgekehrte Anordnung (erst betonte, dann unbetonte Silbe) ergibt einen Trochäus.

Sprachliche Bilder

Metapher: Sprachlicher Ausdruck (z. B.: Port = Hafen, für „Lebensende/Tod"), bei dem nur die übertragene Bedeutung eines Wortes, nicht aber die eigentliche Bedeutung gemeint ist. Metaphern sind verkürzte Vergleiche. Eigentliche und übertragene Bedeutung des Wortes sind durch einen vergleichenden Gesichtspunkt (tertium comparationis, z. B. Port = Ende einer Reise) miteinander verbunden.
Allegorie: Darstellung eines abstrakten Begriffs (z. B. Helligkeit) durch etwas sinnlich Erfassbares, z. B. durch eine Personifikation (Göttin Diana = Göttin des Lichts/Mondes).
Emblem: Ein (in einem literarischen Text erwähnter) Gegenstand, der als Zeichen für einen ganz bestimmten abstrakten Sinngehalt dient (z. B. Ölzweig = Frieden). Das Emblem ähnelt dem Symbol, das jedoch eine vielschichtigere Bedeutung aufweist als das Emblem.

Rhetorische Figuren

Antithese/antithetische Aussage: Entgegenstellung von Begriffen und Gedanken.
Personifikation: Ausstattung einer Sache mit menschlichen Eigenschaften (z. B.: der Wind erwacht).

Andreas Gryphius

Morgensonett

Die ewig helle Schar[1] will nun ihr Licht verschließen;
Diane[2] steht erblasst; die Morgenröte lacht
Den grauen Himmel an; der sanfte Wind erwacht
Und reizt das Federvolk, den neuen Tag zu grüßen.

Das Leben dieser Welt eilt schon, die Welt zu küssen,
Und steckt sein Haupt empor; man sieht der Strahlen Pracht
Nun blinkern auf der See. O dreimal höchste Macht[3],
Erleuchte den, der sich itzt[4] beugt vor deinen Füßen!

Vertreib die dicke Nacht, die meine Seel umgibt,
Die Schmerzen-Finsternis, die Herz und Geist betrübt!
Erquicke mein Gemüt und stärke mein Vertrauen!

Gib, dass ich diesen Tag in deinem Dienst allein
Zubring und, wenn mein End und jener Tag bricht ein,
Dass ich dich, meine Sonn, mein Licht, mög ewig schauen!

[1] ***helle Schar:*** *hier: Sterne*
[2] ***Diane:*** *römische Göttin der Jagd und des Lichtes, hier: der Mond*
[3] ***dreimal höchste Macht:*** *heilige Dreifaltigkeit (Gott Vater, Sohn und Heiliger Geist)*
[4] ***itzt:*** *jetzt*

Info

Andreas Gryphius (1616–1664) ist ein bedeutender Vertreter des Barocks. Von persönlichem Unglück, Glaubensverfolgung und Kriegsnot heimgesucht, galt Gryphius als Verkünder der Nichtigkeit und Vergänglichkeit alles Irdischen, des barocken Lebensgefühls schlechthin.

Andreas Gryphius

(unbekannter Künstler: zeitgenössisches Porträt)

Erstes Textverständnis

1 Formulieren Sie Ihren ersten Eindruck von diesem Gedicht. Wie sieht das lyrische Ich die Naturszenerie, in der es sich befindet, und was lösen diese Erfahrungen in ihm aus?

____

____

____

____

2 Das Gedicht erinnert an eine andere Textsorte: Welche? Ergänzen Sie den nachfolgenden Satz und begründen Sie darin Ihre Beobachtung.

Das Gedicht erinnert an ______________________, weil ______________________

____

und weil ______________________________________

____

Aspekte der Analyse

3 In dem Gedicht werden mehrere Sachverhalte parallel betrachtet. Arbeiten Sie diese heraus, indem Sie die folgende Tabelle ausfüllen.

	Zeit	Zugeordnete Lebenserfahrungen	Religiöser Bezug
Nacht	______________	„Schmerzen-Finsternis" (V. 10)	______________
Tag	„der Strahlen Pracht" (V. 6)	______________	„dich, meine Sonn" (V. 14)

4 Untersuchen Sie die Bildlichkeit des Gedichts. Schreiben Sie Wörter, die eine übertragene Bedeutung haben, in die linke Spalte der Tabelle und notieren Sie dann Deutungen, die sich aus dem Aussagezusammenhang ergeben.

Bild	Deutung
„helle Schar" (V. 1)	
„mein Licht" (V. 14)	

Zusammenführende Deutung

5 Verfassen Sie einen Einleitungssatz mit Angaben zu Autor, Titel, Thema und Textsorte. Nutzen Sie dazu die Angaben im Titel und die Begriffserklärungen ▶ S. 75–76.

____

____

6 Sammeln Sie die formalen Gestaltungselemente des Gedichtes, indem Sie den folgenden Lückentext unter Zuordnung der vorgeschlagenen Kategorien (s. dazu ▶ S. 75–76) ergänzen.

Antithese/antithetisch | Alexandriner | Versfuß | Parallele/parallel | Quartett | Sonett | Terzett | Zäsur

Das Gedicht weist die im Barock weit verbreitete ______________ form mit zwei ______________ und ______________ auf. Dabei hat der Autor die Versform des ______________ gewählt, die nach dem dritten ______________ in der Regel eine ______________ aufweist. Inhaltlich sind die Verse oft so konstruiert, dass sich jeweils eine ______________ Aussage ergibt.

In der ersten Strophe stellt der Autor ______________ ______________ dar, in der zweiten ______________ ______________.

In der dritten und vierten ______________ ______________.

Kontextualisierung

Info

Dualismus ist die philosophisch-religiöse Lehre von der Existenz zweier widerstreitender Grundprinzipien des Seins (von lat. dualis = zwei). Die dualistische Weltanschauung des Barocks ist von der ebenfalls dualistischen christlichen Religion geprägt, die eine Polarität von Leben und Tod, Leib und Seele, Gott und Weltenschöpfung, Himmel und Hölle, Gut und Böse annimmt.

7 Stellen Sie einen gedanklichen Zusammenhang zwischen der antithetischen Struktur des Gedichts und den Dualismusvorstellungen des Barocks her.

____

____

____

____

Analyse

8 Stellen Sie dar, wie Andreas Gryphius in seinem Gedicht die Schilderung eines Naturereignisses und die Lobpreisung Gottes miteinander verbindet. Entwickeln Sie diesen Deutungsansatz ausführlich schriftlich unter Bezug auf Textbelege.

9 **Weiterführender Schreibauftrag**

Erklären Sie dem Autor in einem fiktiven Gespräch, wieso es heutigen Lesern nicht so leichtfallen dürfte, die Botschaft des Gedichtes anzunehmen. Verfassen Sie diesen Dialog schriftlich.

6.2 Klassik: Gedichte im Vergleich

Info

Gedichte vergleichen – Sicherheit in vier Schritten

Im Vergleich (siehe auch „Texte vergleichen" ▶ S. 13) miteinander lassen sich Besonderheiten und Unterschiede lyrischer Texte bisweilen besser erschließen als bei der Analyse eines einzelnen Gedichts. Wichtig sind auch beim Gedichtvergleich analytische Grundkenntnisse (▶ S. 74).

So können Sie vorgehen:

1. Klären Sie die genaue Aufgabenstellung und legen Sie einen Arbeitsplan fest, damit Sie nichts vergessen. Lesen Sie beide Gedichte mehrfach und bilden Sie eine erste **Interpretationshypothese**, die Gemeinsamkeiten, aber auch Unterschiede benennt.

2. Beginnen Sie die Einzelanalyse mit dem Gedicht, das Ihnen zugänglicher ist. Der Vorteil ist, dass Sie sich zunächst auf einen Text konzentrieren können. Führen Sie die Analyse des zweiten Gedichts unter Bezug auf Ihre zuerst erstellte Analyse durch. Vorsicht: Spekulieren Sie nicht – suchen Sie für zentrale Deutungsaspekte immer mehrere **Textbelege**. Achten Sie auf Ihr **Zeitmanagement**.

3. **Vergleichen** Sie beide Gedichte vor dem Hintergrund der Fragestellung (z. B. im Hinblick auf ihren Epochenzusammenhang), indem Sie jeweils auf einem gesonderten Blatt die **Gemeinsamkeiten** und die **Unterschiede** zwischen beiden Gedichten herausarbeiten. Meist werden Gedichte mit ähnlichen Motiven oder Themen verglichen. Unterschiede finden sich in der formalen und sprachlichen Gestaltung des Gedichts, aber auch in der Behandlung des Themas.

4. Prüfen Sie Ihre Hypothesen aspektorientiert (Analyseschritte) und entwickeln Sie eine gegliederte, systematische Darstellung. Die Gliederung könnte aufgebaut werden wie folgt:

1 Einleitung	
2 Hauptteil: Analyse	
Variante A	Variante B
2.1 Gedicht A	2.1 Thema und Inhalt in Gedicht A + B
2.2 Gedicht B	2.2 Form in Gedicht A + B
2.3 Vergleich der Gemeinsamkeiten und Unterschiede	2.3 Sprache, Bilder in Gedicht A + B
3 Deutung	

Sie können mit einer (vorsichtig) wertenden Einschätzung abschließen.

Thematischer Gedichtvergleich:
Johann Wolfgang Goethe: Gefunden
Ulla Hahn: Bildlich gesprochen

Es gibt zahlreiche literarische Texte, die durch Anspielung oder Zitat mehr oder weniger ausdrücklich auf andere literarische Texte verweisen. Man spricht hier von Intertextualität (Beziehungen zwischen Texten). Das folgende Gedicht von Ulla Hahn ist ein Beispiel dafür: Es verweist auf das bekannte Goethe-Gedicht „Gefunden". Dieses war ursprünglich – ohne Überschrift – Inhalt eines Briefes, den Goethe im Jahre 1813 von einer Reise an seine Ehefrau Christiane schrieb. Für die erste Druckfassung 1815 hat er es nur geringfügig überarbeitet.

Info

Ulla Hahn, 1946 im Sauerland geboren, gehört zu den bedeutendsten deutschen Lyrikerinnen der Gegenwart, die in ihren Gedichten immer wieder aus der Sicht der Frau – das Verhältnis der Geschlechter thematisiert. Ihre 1981 erschienene Gedichtsammlung „Herz über Kopf", aus dem auch das Gedicht „Bildlich gesprochen" stammt, erlebte im Jahr 2002 bereits die 14. Auflage. Außer Gedichten hat Ulla Hahn bisher auch zwei Romane veröffentlicht. Für ihre Lyrik ist sie bereits mit mehreren Preisen ausgezeichnet worden.

Ulla Hahn auf der Frankfurter Buchmesse 2004

Der Vergleich der beiden Gedichte beschränkt sich auf die Aspekte Thema, Perspektive und Sprache.

Johann Wolfgang Goethe

Gefunden (1815)

Ich ging im Walde
So für mich hin,
Und nichts zu suchen,
Das war mein Sinn.

Im Schatten sah ich
Ein Blümchen stehn,
Wie Sterne leuchtend,
Wie Äuglein schön.

Ich wollt' es brechen,
Da sagt' es fein:
Soll ich zum Welken
Gebrochen sein?

Ich grub's mit allen
Den Würzlein aus.
Zum Garten trug ich's
Am hübschen Haus.

Und pflanzt' es wieder
Am stillen Ort;
Nun zweigt es immer
Und blüht so fort.

Ulla Hahn

Bildlich gesprochen (1981)

Wär ich ein Baum ich wüchse
dir in die hohle Hand
und wärst du das Meer ich baute
dir weiße Burgen aus Sand.

Wärst du eine Blume ich grübe
dich mit allen Wurzeln aus
wär ich ein Feuer ich legte
in sanfte Asche dein Haus.

Wär ich eine Nixe ich saugte
dich auf den Grund hinab
und wärst du ein Stern ich knallte
dich vom Himmel ab.

Christiane Vulpius (1765–1816), gezeichnet von Goethe (um 1788)

Erstes Textverständnis

1 a Lesen Sie sich beide Gedichte durch und notieren Sie Ihre ersten Eindrücke in Stichworten.

Parallelen	Unterschiede

b Halten Sie das Thema beider Gedichte fest.

Das Thema der beiden Gedichte ist

Aspekte der Analyse

Analyse von Goethe: „Gefunden"

2 a Fassen Sie die (vordergründige) „Handlung" des Gedichtes mit eigenen Worten kurz zusammen. Konzentrieren Sie sich auf den Umgang des lyrischen Ichs mit dem Blümchen. Beschränken Sie sich auf das Wesentliche. Markieren Sie zunächst zentrale Begriffe im Text.

b An welcher Stelle wird deutlich, dass es sich bei dem Gedicht nur vordergründig um ein Naturgedicht handelt?

Vers ______________

3 Markieren Sie die Metaphern und deuten Sie sie. Notieren Sie Ihre Deutungen in Stichworten am Rand.

4 a Machen Sie sich bewusst, aus wessen Perspektive das Gedicht geschrieben ist. Beachten Sie dazu vor allem die Bilder der zweiten Strophe. Vielleicht hilft Ihnen der Hinweis auf Goethes Gedicht „Heidenröslein", das mit den Worten beginnt: „Sah ein Knab' ein Röslein stehn …"

b Beschreiben Sie das Verhältnis des lyrischen Ichs zu dem „Blümchen". Dabei können Sie auf die Ergebnisse aus Aufgabe 1 zurückgreifen.

5 Deuten Sie das Gedicht, indem Sie den nachfolgenden Satz aufgreifen und in Ihrer Kursmappe vervollständigen. Beachten Sie dabei die nebenstehende Aussage eines Literaturwissenschaftlers:

> „Welken ist ein sehr zurückhaltender Ausdruck für das soziale Schicksal ‚gefallener' Frauen im 19. Jahrhundert."
>
> *(Alexander von Bormann im Goethe-Handbuch, Bd. 1: Gedichte. Stuttgart – Weimar: J. B. Metzler 2004, S. 266)*

Im Bild des Wanderers, der im Wald eine Blume ausgräbt und sie in seinem Garten einpflanzt, beschreibt das Gedicht …

6 Fassen Sie nun die Ergebnisse Ihrer Analyse in Stichworten aspektorientiert zusammen. Beachten Sie alle Aspekte, die Sie erarbeitet haben. Orientieren Sie sich an folgenden Aspekten: Bildebene („Handlung") – Metaphern – Sinnebene (Bedeutungsebene) – Perspektive – Verhältnis des lyrischen Ichs zu dem „Blümchen".
Arbeiten Sie in Ihrer Kursmappe. Legen Sie zwei Blätter mit gleichen Strukturen an und schreiben Sie Ihre Ergebnisse zu „Gefunden".

Analyse von Hahn: „Bildlich gesprochen"

7 In dem Gedicht von Ulla Hahn macht nicht nur die Überschrift deutlich, dass es mehrdeutig ist. Notieren Sie, mit welchem sprachlichen Mittel Hahn diese Wirkung erreicht.

Das sprachliche Mittel, mit dem Ulla Hahn den Eindruck der Mehrdeutigkeit unterstreicht, ist ______________________________

8 **a** Markieren Sie die sprachlichen Bilder im Text farbig. Beachten Sie die gedachten Handlungen des lyrischen Ichs.
b Bestimmen Sie die Entwicklung der Bilder. Fassen Sie Ihre Beobachtungen in Stichworten zusammen.

____

____

9 **a** Machen Sie sich bewusst, aus wessen Perspektive das Gedicht geschrieben ist. Ein Wort in der dritten Strophe gibt Ihnen den entscheidenden Hinweis.
b Untersuchen Sie das Verhältnis des lyrischen Ichs zum angesprochenen Du.
- Markieren Sie mit verschiedenen Farben die Personalpronomina der ersten und zweiten Person Singular.
- Untersuchen Sie die Kasus, in denen die Personalpronomina vorkommen. Notieren Sie, was Ihnen auffällt:

Das Personalpronomen der ersten Person Singular kommt im folgenden Kasus vor:

____

Das Personalpronomen der zweiten Person Singular kommt im folgenden Kasus vor:

____

- Untersuchen Sie, welcher Person die handlungsbestimmenden Verben zugeordnet sind. Notieren Sie:

____

- Fassen Sie in Ihrer Kursmappe Ihre Erkenntnisse in Stichworten zusammen.

c Charakterisieren Sie auf der Grundlage Ihrer Ergebnisse die Liebesbeziehung in Ulla Hahns Gedicht. Arbeiten Sie in Ihrer Kursmappe.

10 Ergänzen Sie nun Ihren Vergleich, indem Sie neben dem Blatt mit den Ergebnissen der Analyse des Goethe-Gedichts ein gleich strukturiertes zu Ulla Hahn anlegen.

Vergleichende Analyse

11 Verfassen Sie (anhand der beiden Blätter aus den Aufgaben 6 und 10) eine vergleichende Analyse. Gehen Sie darauf ein, in welchem Sinne Ulla Hahn ihr Zitat aus dem Goethe-Gedicht verwendet.

6.3 Von der Romantik zur Moderne

Thematischer Gedichtvergleich:

Joseph von Eichendorff: Mondnacht
Günter Kunert: Mondnacht

Joseph von Eichendorff

Mondnacht (veröffentl. 1837)

Es war, als hätt der Himmel
Die Erde still geküsst,
Dass sie im Blütenschimmer
Von ihm nun träumen müsst.

Die Luft ging durch die Felder,
Die Ähren wogten sacht,
Es rauschten leis die Wälder,
So sternklar war die Nacht.

Und meine Seele spannte
Weit ihre Flügel aus,
Flog durch die stillen Lande,
Als flöge sie nach Haus.

Carl Julius von Leypold (1806–1874): Bäume im Mondschein

René Magritte (1898–1967): Le sens des réalités (Der Realitätssinn, 1963)

Günter Kunert

Mondnacht (1983)

Dieser leblose Klotz
Mond eisiger Nächte
der an bittere Märchen erinnert
an fremdes Gelebtsein
fern
wo die Menschen heulten
anstelle der Wölfe
über dem blassen Schnee
bis zum Schweigen darunter

Geborstenes Geröll[1]
auf dem unsere Schatten
gelandet sind
und sich taumelnd bewegen
viel zu leicht
für die Last unserer Herkunft

auch dort sind wir hingelangt
wie immer dorthin
wo Leben unmöglich ist:

in Gleichnisse ohne Erbarmen

[1] *Die Verse 10 ff. beziehen sich auf die erste bemannte Mondlandung am 20. 7. 1969 durch das US-amerikanische Raumfahrzeug Apollo 11.*

Info

Joseph von Eichendorff (1788–1857) war Jurist in preußischen Staatsdiensten. Er stand in Kontakt mit den wichtigsten Köpfen der deutschen Romantik (Brentano, Arnim, Schlegel und anderen, ▶ S. 36 u. 39). Seine Gedichte, erstmals als Sammlung veröffentlicht 1837, sind gekennzeichnet durch volksliedhafte Schlichtheit, in der Bilder aus der Natur Seelischem Ausdruck verleihen.

Franz Kugler (1808–1858): Joseph von Eichendorff (1832)

Günter Kunert (* 1929) fiel seiner jüdischen Mutter wegen in der Nazizeit unter die rassistischen „Nürnberger Gesetze". 1949 trat er in die SED ein. Trotz mehrerer Kulturpreise der DDR (1962 Heinrich-Mann-Preis der Akademie der Künste der DDR) wurde er nach dem Protest gegen die Ausbürgerung des systemkritischen Schriftstellerkollegen Wolf Biermann 1976 gemaßregelt, 1979 aus der SED ausgeschlossen. 1979 siedelte er in die Bundesrepublik Deutschland über.

Günter Kunert (27. Juni 1991)

Erstes Textverständnis

1 **a** Lesen Sie die beiden Gedichte mehrfach.

b Halten Sie für beide Gedichte in Stichworten die Grundstimmung und die Situation des lyrischen Ichs fest.

	Eichendorff	Kunert
Grundstimmung		
die äußere Situation des lyrischen Ichs		

2 Formulieren Sie auf der Grundlage des ersten Textverständnisses eine Interpretationshypothese. Beziehen Sie die Entstehungszeit (▶ Infoblock oben, Romantik ▶ S. 36 u. 39) mit ein.

Aspekte der Analyse

3 Analysieren Sie den formalen Aufbau (▶ S. 74) des Gedichts.

Eichendorff: drei Strophen

Kunert:

4 Analysieren Sie die Sprachverwendung (vorherrschende Wortart, Wortwahl).

a Legen Sie in Ihrer Kursmappe eine Tabelle nach folgendem Muster an und ergänzen Sie die Einträge.

	Eichendorff	Kunert
Substantive	Himmel Erde	Klotz ...
Verben	hätt geküsst träumen müsst	erinnert ...
Adjektive	still – stillen sacht	leblose ...

b Deuten Sie Ihre Ergebnisse aus Aufgabe 4 a in Ihrer Kursmappe zusammenhängend. Berücksichtigen Sie bei Ihrem Sprachvergleich auch die Atmosphäre, die angesprochenen Lebensbereiche und die Zeitausrichtung der Gedichte (Erinnerung – Vergangenheitsbezug, Erleben – Gegenwartsbezug, Hoffnungen/Befürchtungen – Zukunftsbezug) und die Modalität (Welche Funktion hat z. B. der Konjunktiv bei Eichendorff? ▶ S. 38, Aufgabe 4).

Kontextualisierung

5 Ordnen Sie die Gedichte in ihren Epochenzusammenhang ein. Folgende Fragestellungen können Ihnen helfen:

- Welche Erwartung knüpft die Romantik (▶ S. 36, 39) an die Beziehung des Subjekts zur Natur?
- Wird die Identität des Menschen selbst als gegeben, als herstellbar oder als prinzipiell gestört betrachtet?
- Welche Vorstellung von der Zukunft des Menschen verwirklicht die Epoche? Welche Geschichtserwartung drückt sich dementsprechend in den jeweiligen Gedichten aus?

Analyse

6 Arbeiten Sie den Gedichtvergleich zwischen den Gedichten von Joseph von Eichendorff und Günter Kunert aus.

7 **Weiterführender Schreibauftrag**

Ziehen Sie zur Einordnung der Gedichte von Eichendorff und Kunert die Bilder von Carl Julius von Leypold und René Magritte (▶ S. 83) heran.

- Betrachten Sie Bildinventar, Motivgestaltung und Farbgebung der beiden Bilder. Ziehen Sie Parallelen zu den Gedichten.
- Prüfen Sie, inwiefern die Bildaussage von „Bäume im Mondschein" mit Eichendorffs Gedicht übereinstimmt.
- Wodurch erreicht Leypold den Eindruck der Geborgenheit und Harmonie, wodurch Magritte den der Bedrohung und Kälte?
- Magritte benutzt Elemente der Montage. Könnte man das auch von Kunerts Gedicht sagen?

Info

Heinrich Heine (1797–1856) wurde in Düsseldorf geboren, empfand die politische Unterdrückung im Deutschland der Restaurationsepoche als unerträglich und lebte seit 1831 im Exil in Paris. Als bedeutendster deutschsprachiger Lyriker des 19. Jahrhunderts hat Heine die ausgehende Romantik (▶ S. 36) kritisch überwunden und Gedichte, aber auch Prosawerke verfasst, die der Epoche des Vormärz (1830–1848) zugerechnet werden. Der „Meister der Sprache" hat sich in seinen Werken immer wieder „als braver Soldat im Befreiungskriege der Menschheit" verstanden.

Albert Ludwig Grimm (1786–1872): Heinrich Heine

Heinrich Heine

Mein Herz, mein Herz ist traurig

Mein Herz, mein Herz ist traurig,
Doch lustig leuchtet der Mai;
Ich stehe, gelehnt an der Linde,
Hoch auf der alten Bastei.[1]

Da drunten fließt der blaue
Stadtgraben in stiller Ruh;
Ein Knabe fährt im Kahne,
Und angelt und pfeift dazu.

Jenseits erheben sich freundlich,
In winziger, bunter Gestalt,
Lusthäuser, und Gärten, und Menschen,
Und Ochsen, und Wiesen, und Wald.

Die Mägde bleichen Wäsche,
Und springen im Gras herum:
Das Mühlrad stäubt Diamanten,
Ich höre sein fernes Gesumm.

Am alten grauen Turme
Ein Schilderhäuschen steht;
Ein rotgeröckter Bursche
Dort auf und nieder geht.

Er spielt mit seiner Flinte,
Die funkelt im Sonnenrot,
Er präsentiert und schultert –
Ich wollt, er schösse mich tot.

[1] ***Bastei:*** *vorspringendes Bauteil an alten Festungsbauten*

Erstes Textverständnis

1 **a** Lesen Sie das Gedicht mehrmals.
b Markieren Sie im Text Stellen, die Auskunft über die Stimmung des lyrischen Ichs geben.

Aspekte der Analyse

Info

Der Topos

In der Rhetoriklehre der Antike stand „Topos“ (Pl. Topoi) für einen Gemeinplatz (Beispiel: „locus amoenus“ = Lustort; in der Poetik bis ins 16. Jh. hinein ein Hauptmotiv aller Naturschilderungen, vorstellbar als beschatteter, idealer Verweilort im Freien). Die Literaturwissenschaft hat den Begriff aufgenommen und bezeichnet damit ein inhaltliches Motiv, das in der literarischen Tradition fortlebt. In der Topik, der Lehre von der Verwendung der Topoi, sucht man nach literarischen Formeln, die als solche in ihrer Tradition sowie in ihrer jeweiligen zeitlichen Gebundenheit untersucht werden müssen. Ein typischer Topos der Romantik ist z. B. die „Mühle vor dem Tore“.

2 **a** Notieren Sie in der mittleren Spalte der folgenden Tabelle Topoi und typische Vorstellungen, die Heine aus der Romantik (▶ S. 36) entlehnt hat.

b Notieren Sie rechts, mit welchen Bildern oder Vorstellungen Heine die romantische Stimmung aufbricht.

Vers	Topos/typische Vorstellung der Romantik	Bilder oder Vorstellungen, die die romantische Stimmung brechen
3	Linde	

Zusammenführende Deutung

3 Entfalten Sie nun schriftlich und unter Verwendung passender Zitate die folgende Interpretationsthese. Erläutern Sie diese anhand Ihrer bisherigen Ergebnisse und belegen Sie die These am Text.

In seinem Gedicht greift Heine romantische Topoi auf, lässt das Lebensgefühl der Romantik aber hinter sich.

Analyse

4 Analysieren Sie das Gedicht. Arbeiten Sie als Fazit Ihrer Analyse aus, wie Heine die Zerrissenheit des lyrischen Ichs mit der Landschaftsschilderung verbindet: „Mein Herz, mein Herz ist traurig,/ Doch lustig leuchtet der Mai“(V. 1–2).

5 **Weiterführender Schreibauftrag**

Das lyrische Ich in Heines Gedicht äußert sich in Form eines ironischen Spiels mit romantischen Gefühlen, die ihm offensichtlich nicht mehr weiterhelfen. Verfassen Sie einen Tagebucheintrag, in dem dasselbe Ich sein momentanes Lebensgefühl direkt und ohne Anspielungen auf die Romantik wiedergibt.

Info

Expressionismus

Ursprünglich ein Stilbegriff aus der Malerei, bezeichnet „Expressionismus" auch eine literarische Strömung, die etwa von 1905 bis 1925 einzuordnen ist. Ähnlich wie das expressionistische Drama ist insbesondere auch die Lyrik vom Protest gegen die verkrusteten bürgerlichen Strukturen der Wilhelminischen Epoche (unter Kaiser Wilhelm II.) geprägt. Die Expressionisten setzten sich intensiv mit gesellschaftlichen Entwicklungen wie der rasanten Verstädterung, dem technischen Fortschritt und der Selbstentfremdung des Menschen in der Moderne auseinander. Orientierungsverluste drückten sie z. B. in betont unrealistischen Darstellungen, in der Kombination scheinbar unvereinbarer Bilder, grotesken Verzerrungen und gehetzt wirkendem Pathos aus.

Alfred Lichtenstein

Nebel

Ein Nebel hat die Welt so weich zerstört.
Blutlose Bäume lösen sich in Rauch.
Und Schatten schweben, wo man Schreie hört.
Brennende Biester schwinden hin wie Hauch.

Gefangne Fliegen sind die Gaslaternen.
Und jede flackert, dass sie noch entrinne.
Doch seitlich lauert glimmend hoch in Fernen
Der giftge Mond, die fette Nebelspinne.

Wir aber, die, verrucht, zum Tode taugen,
Zerschreiten knirschend diese wüste Pracht.
Und stechen stumm die weißen Elendsaugen
Wie Spieße in die aufgeschwollne Nacht.

Info

Alfred Lichtenstein, 1889 in Berlin geboren, studierte Jura und verkehrte im „Café Größenwahn" der Berliner Bohème (unkonventionelles Künstlermilieu). Er fiel 1914 in Frankreich dem Krieg zum Opfer.

Max Oppenheimer (genannt „MOPP", 1885–1954, lebte 1911–1915 in Berlin): Alfred Lichtenstein (gezeichnet 1913 für die expressionistische Zeitschrift „Die Aktion", hg. 1911–1933 v. Franz Pfemfert)

Erstes Textverständnis

1 In Lichtensteins Gedicht wird eine Natur-Szenerie wiedergegeben. Zugleich vermittelt das Gedicht das Lebensgefühl des lyrischen Ichs.
Stellen Sie in der folgenden Tabelle dar, was an dem beschriebenen Ort zu sehen ist und was das lyrische Ich gedanklich damit verbindet.

Sichtbare Phänomene	Formulierungen, mit denen die Phänomene beschrieben werden	Deutungsansätze: Welches Lebensgefühl wird ausgedrückt?
Nebel, V. 1	hat die Welt so weich zerstört	undurchsichtig, Auflösungserscheinungen
Bäume, V. 2		
Fliegen, V. 5		

Aspekte der Analyse

2 Lichtenstein verwendet rhetorische Mittel, um der Aussage seines Gedichts eine besondere Ausdruckskraft zu verleihen. Ergänzen Sie die folgende Liste um weitere Beispiele.

Alliteration	die Welt so weich, Blutlose Bäume
Metapher (▶ S. 76)	weich, zerstört
Vergleich	wie Spieße
Symbol (▶ S. 9)	Nebel
Neologismus (Wortschöpfung)	
Oxymoron (Widersprüchlichkeit)	

Kontextualisierung

3 Weisen Sie in dem Gedicht typische Inhalte und Darstellungsweisen des Expressionismus (▶ S. 88) nach.

Typische Inhalte	**Beispiele**
Orientierungsverlust	„Ein Nebel hat die Welt so weich zerstört", V. 1
Typische Darstellungsweisen	**Beispiele**

Analyse

4 Entfalten Sie eine Analyse zu diesem Gedicht, in der Sie erklären, welches Lebensgefühl der Expressionist Lichtenstein vermittelt und welche Mittel er dazu benutzt.

5 **Weiterführender Schreibauftrag**

Vergleichen Sie das Gedicht von Alfred Lichtenstein mit Joseph von Eichendorffs „Mondnacht", ▶ S. 83. Arbeiten Sie Unterschiede im dargestellten Lebensgefühl heraus.

6.4 Lyrik nach 1945

Info

Literatur nach 1945

Die Jahre nach dem Ende des Zweiten Weltkriegs waren von den Nachbeben der Nazidiktatur geprägt. Die Schriftsteller blickten zurück auf bislang unvorstellbare Verbrechen gegen die Menschlichkeit bis hin zum systematischen Völkermord und empfanden eine fundamentale Verunsicherung. Der Autor Theodor W. Adorno sprach sogar davon, dass nach Auschwitz kein Gedicht mehr geschrieben werden könne. In dieser Situation suchten viele Schriftsteller in der sie umgebenden Wirklichkeit nach neuer Orientierung für ihr Schreiben.

Günter Eich

Der Große Lübbe-See[1]

Kraniche, Vogelzüge,
deren ich mich entsinne,
das Gerüst des trigonometrischen Punkts[2].

Hier fiel es mich an,
vor der dunklen Wand des hügeligen Gegenufers,
der Beginn der Einsamkeit,
ein Lidschlag, ein Auge,
das man ein zweites Mal nicht ertrüge,
das Taubenauge mit sanftem Vorwurf,
als das Messer die Halsader durchschnitt,
der Beginn der Einsamkeit,
hier ohne Boote und Brücken,
das Schilf der Verzweiflung,
der trigonometrische Punkt,
Abmessung im Nichts,
während die Vogelzüge sich entfalten,
Septembertag ohne Wind,
güldene Heiterkeit, die davonfliegt,
auf Kranichflügeln, spurlos.

Info

Günter Eich: 1907–1972, gilt als einer der führenden deutschsprachigen Schriftsteller nach dem Zweiten Weltkrieg. Er wurde insbesondere durch Gedichte und Hörspiele bekannt.

Günter Eich (1953)

[1] ***Lübbe-See:*** *See in der Uckermark*
[2] ***trigonometrischer Punkt:*** *Punkt, von dem aus mit Hilfe einer Winkelfunktion Seiten eines Dreiecks berechnet werden können*

Erstes Textverständnis

1 Welche Grunderfahrung macht das lyrische Ich in diesem Gedicht? Notieren Sie.

____

____

Aspekte der Analyse

2 Listen Sie Wörter aus den Bereichen „Mathematik" und „Natur" auf, die Sie im Gedicht finden.

Mathematik: ______________________________

Natur: „Kraniche", ______________________________

____

3 Die Lebewesen, an die das lyrische Ich sich erinnert, sind „spurlos" verschwunden und nur noch Erinnerung. Erklären Sie, wie sich die „Einsamkeit" des zurückgebliebenen lyrischen Ichs in der Verteilung der Wortarten (Verben, Nomen, Adjektive) ausdrückt. Deuten Sie in diesem Zusammenhang insbesondere das Fehlen von Verben in vielen Zeilen.

Kontextualisierung

Günter Eich

Warum ich schreibe

Ich schreibe Gedichte, um mich in der Wirklichkeit zu orientieren. Ich betrachte sie als trigonometrische Punkte oder als Bojen, die in einer unbekannten Fläche den Kurs markieren. […] Für diese trigonometrischen Zeichen sei das Wort „Definition" gebracht. Solche Definitionen sind nicht nur für den Schreibenden nutzbar. Dass sie aufgestellt werden, ist mir lebensnotwendig. In jeder gelungenen Zeile höre ich den Stock des Blinden klopfen, der anzeigt: Ich bin auf festem Boden.

Zit. nach: Ludwig Völker (Hrsg.): Theorie der Lyrik (Arbeitstexte für den Unterricht), Reclam UB, Stuttgart 1986, S. 83 f.)

4 Das lyrische Ich nimmt eine „Abmessung im Nichts" vor. Beziehen Sie diese Metapher auf die literarische Situation nach 1945 (▶ S. 90) und auf das vorangegangene Zitat von Günter Eich. Fassen Sie Ihre Deutung in einer These zusammen.

Analyse

5 Analysieren Sie das Gedicht. Erklären Sie, wieso sich „das Taubenauge mit sanftem Vorwurf" als trigonometrischer Punkt für die Selbstvermessung des lyrischen Ichs eignet.

6 **Weiterführender Schreibauftrag**

Stellen Sie sich vor: Das „Taubenauge" bekommt eine Stimme. Die Taube fängt an zu sprechen und antwortet dem Autor auf sein Gedicht. Notieren Sie, was die Taube dem Autor sagen könnte.

Info

Kalter Krieg

Nach dem Zweiten Weltkrieg standen sich die beiden damaligen Weltmächte USA und UdSSR/Sowjetunion bis in die 1980er Jahre hinein feindlich und hochgerüstet gegenüber. Beide Mächte verfügten über globale Überwachungssysteme und atomare Waffenarsenale, die darauf eingestellt waren, den Gegner – wahrscheinlich aber eher alles Leben – vollständig vernichten zu können. Die Atomwaffen waren sowohl zu Lande in Silos als auch in allen Weltmeeren in Atom-U-Booten aufeinandergerichtet. Von Abrüstungsverhandlungen war jahrzehntelang keine Rede.

Hans Magnus Enzensberger:

das ende der eulen (1962)

ich spreche von euerm nicht,
ich spreche vom ende der eulen.
ich spreche von butt[1] und wal
in ihrem dunkeln haus,
dem siebenfältigen[2] meer,
von den gletschern,
sie werden kalben zu früh,
rab und taube, gefiederten zeugen,
von allem was lebt in lüften
und wäldern, und den flechten im kies,
vom weglosen selbst, und vom grauen moor
und den leeren gebirgen:

auf radarschirmen leuchtend
zum letzten mal, ausgewertet
auf meldetischen, von antennen
tödlich befingert floridas sümpfe
und das sibirische eis, tier
und schilf und schiefer erwürgt
von warnketten, umzingelt
vom letzten manöver, arglos
unter schwebenden feuerglocken,
im ticken des ernstfalls.

wir sind schon vergessen.
sorgt euch nicht um die waisen,
aus dem sinn schlagt euch
die mündelsichern[3] gefühle,
den ruhm, die rostfreien psalmen.
ich spreche nicht mehr von euch,
planern der spurlosen tat,
und von mir nicht, und keinem.
ich spreche von dem was nicht spricht
von den sprachlosen zeugen,
von ottern und robben,
von den alten eulen der erde.

R

Info

H. M. Enzensberger bei der Verleihung des Georg-Büchner-Preises am 19.10.1963

Hans Magnus Enzensberger: Der 1929 geborene Lyriker und Essayist hat wichtige Kulturzeitschriften („Kursbuch") und Bucheditionen begründet, hat Kinder- und Jugendbücher geschrieben („Der Zahlenteufel", 1997; „Wo warst du, Robert?", 1998) und gilt als einer der führenden deutschen Intellektuellen.

[1] ***Butt:*** *Schollenfisch*
[2] ***siebenfältig:*** *siebenfach*
[3] ***mündelsicher:*** *Anlage, die so sicher ist, dass ein Vormund das Geld eines Minderjährigen (eines Mündels), der unter seiner Vormundschaft steht, investieren darf*

Erstes Textverständnis

1 Die Formulierung „zum letzten Mal" wird in dem Gedicht mehrfach verwendet. Um welches finale Ereignis könnte es sich bei dieser Vision des Autors handeln? Notieren Sie kurz.

Aspekte der Analyse

2 Prüfen Sie, wie Enzensberger in den Versen 7 bis 23 seine Endzeit-Vision sprachlich umsetzt. Füllen Sie dazu die folgende Tabelle aus. Notieren Sie in der 2. und 3. Spalte einige vom Autor verwendete Verbformen und in der 4. Spalte, warum er wohl diese Verteilung vorgenommen hat.

Formen des Verbs	zur Darstellung der Menschheit und ihrer Handlungen (außer dem lyrischen Ich)	zur Darstellung der nichtmenschlichen Natur	Deutungsideen
Handlungsverb im Präsens		„lebt"	
Handlungsverb im Futur		„werden kalben zu früh"	
Partizip Perfekt	„ausgewertet" „befingert"		
Passivformen	„sind vergessen"		

Kontextualisierung

3 Beziehen Sie die Gedichtaussage auf die weltpolitische Lage zur Entstehungszeit des Textes. Notieren Sie in Ihrer Kursmappe Lokalitäten und Sachverhalte, die auf den „Kalten Krieg" (▶ S. 92) Bezug nehmen.

Lokalitäten: Weltmeere, Florida (USA),

Sachverhalte:

Zusammenführende Deutung / Analyse

4 In dem Gedicht geht es um das Verhältnis der Menschen zueinander und zur natürlichen Umwelt. Formulieren Sie in Ihrer Kursmappe zusammenfassend in mehreren Interpretationsthesen, wie Enzensberger dieses Verhältnis sieht.

5 **Weiterführender Schreibauftrag**

Die USA und Russland (als Nachfolgestaat der Sowjetunion) verfügen noch immer über erhebliche atomare Waffenarsenale. Verfassen Sie einen Brief an die Präsidenten beider Länder, in dem Sie die Sichtweise Enzensbergers zur Geltung kommen lassen.

6.5 Lyrik des ausgehenden 20. Jahrhunderts

Info

Sarah Kirsch, geb. 1935, war eine der bekanntesten Lyrikerinnen der DDR und vielfach preisgekrönt. Sie siedelte 1977 in den Westen Deutschlands über, nachdem man sie wegen einer Stellungnahme zur Ausbürgerung Wolf Biermanns aus der SED und dem Schriftstellerverband ausgeschlossen hatte. Auch in der Bundesrepublik nimmt Kirsch Stellung zum politischen Geschehen. Ihre Gedichte spiegeln intensive Bezüge zwischen Naturerfahrungen und inneren Erlebnissen.

Sarah Kirsch

Gasthaus (1983)

Seit Tagen fällt der Regen so dicht
Und gleichzeitig steigt der Nebel herauf
Daß die Welt wahrhaftig sehr klein
Und zusammengeschrumpft vorliegt
Sie reicht knappe drei Meter
Von der Traufe zum Misthaufen hin
Und wird seitlich von fallenden
Zäunen und Himbeerruten begrenzt
An denen die Tropfen wie Tränen
Fließen die Pfützen verschmelzen
Bis das Meer vor der Tür steht
Und ein ordentliches Oben der hohe
Aufgestockte wolkenbefahrene Himmel
Ist nicht auszumachen es bleibt
Nur Fluchen und Türenwerfen
Oder die Kunst in sich selbst
Verloren zu gehn wie rings
Die frühen Hunde und Trinker [R]

Erstes Textverständnis

1 Welche Grundstimmung vermittelt dieses Gedicht? Markieren Sie zentrale Stellen im Text und fassen Sie die Aussage der Dichterin kurz zusammen.

Aspekte der Analyse

2 Sarah Kirsch verzichtet auf Satzzeichen und lässt alle Aussagen ineinanderfließen. Formulieren Sie eine These zur Funktion dieses Verfahrens.

Texte, Themen und Strukturen • Arbeitsheft

Umgang mit literarischen Texten und mit Medien: Analyse und Interpretation

LÖSUNGEN

1 Vorkurs Interpretieren

1.2 Grundlagen der Methodik des Interpretierens am Beispiel der Parabel

►S. 4 **1** **b** Z. B.: Was versteht der Autor / was Herr Keuner unter Liebe? Was ist mit „Entwurf" gemeint? Was will der Text beim Leser bewirken?
c Der Text kritisiert das Verhalten von Menschen, die in ihrer Liebe dem Partner keinen Raum lassen, da sie ihn in seinen Eigenheiten nicht sehen oder gar akzeptieren wollen.

►S. 5 **2** Auf die Frage, wie er einen Menschen liebe, antwortet Herr K., dass er sich bemühe, den geliebten Menschen dem Bild anzupassen, das er selbst sich von diesem gemacht habe. Auf Nachfrage betont er, dass sich der Mensch dem Bild anpassen müsse, nicht umgekehrt.

3 **a**

2	„Ich mache [...] von ihm"	Rätselhafte Antwort	Überraschung beim Leser durch unerwartet sachliche Antwort; Mehrdeutigkeit des Bezugs steigert das Interesse an einer Erklärung
3	„Wer? Der Entwurf?"	(Überraschte) Nachfrage	Figur des Fragenstellers tritt an die Stelle des Lesers, indem sie dessen Interesse an einer Präzisierung formuliert
4	„Nein", sagte Herr K., „der Mensch."	(Überraschende) Antwort	Überraschende / provozierende Antwort Enttäuschung der Lesererwartung bewirkt ein Innehalten / Bedenken des Gesagten; Leser muss erschließen, dass Herrn K.s Sicht kritisiert wird.

b Der offene Anfang führt den Leser ohne Erklärung der Umstände und Hintergründe zu einer grundlegenden philosophisch-psychologischen Fragestellung, die vermuten lässt, dass es sich um einen reflektierenden Text handelt. Herrn K.s Antwort auf diese Frage ist in zweierlei Hinsicht unerwartet: Sie ist in einem angesichts des Themas ungewöhnlich sachlichen Ton formuliert und läuft inhaltlich den Erwartungen des Lesers entgegen. So wird eine Nachfrage nötig, die die Figur des Fragenden für den Leser stellt. Statt einer einfachen Aufklärung des Gesagten bewirkt die Antwort eine noch größere Überraschung: Der Leser muss im Überdenken dieser Antwort erschließen, dass Herrn K.s Definition eine vom Autor implizit kritisierte Haltung vieler Menschen darstellt. Der so ausgelöste Moment der Einsicht stellt somit den Höhepunkt des Textes dar.

►S. 6 **4**

Syntax (Satzarten, Satzbau)	Frage- / Antwortsätze eingeschobene Redebegleitsätze („sagte Herr K.")	belehrender Charakter des Textes (typisch für die Gattung Parabel) verzögerndes Moment, das die darauf folgende Aussage noch stärker hervorhebt
Wortwahl	Einsatz von Personalpronomen („er", „ihm") das ungewöhnliche Verb „sorge" „Entwurf"	erzeugen Unklarheit, die den Leser auf den Widerspruch zur von ihm erwarteten Aussage („ich mache den Entwurf dem Menschen ähnlich") aufmerksam macht verdeutlicht, dass es sich um ein aktives Bemühen der Figur handelt, deutet implizit das Gefühl der Angst vor den unkontrollierbaren Eigenheiten der geliebten Person an betont den Wunsch der Figur, die Beziehung zu planen und zu kontrollieren
Stil	sachlich, nüchtern	spiegelt die angesichts des Themas unerwartet nüchterne Haltung K.s wider

5 Die Parabel „Wenn Herr K. einen Menschen liebte" von Bertolt Brecht behandelt die Frage, wie man einen geliebten Menschen wahrnehmen soll, und kritisiert das ängstliche Bemühen mancher Menschen, den Geliebten den eigenen Erwartungen anzupassen, statt ihn mit seinen Eigenheiten anzuerkennen.

6 Vergleichen Sie die in den vorhergehenden Übungen gesammelten Formulierungen – achten Sie darauf, diese mit sinnvollen Konjunktionen zu verbinden! Ein möglicher Schlusssatz könnte lauten: „So fordert die Parabel den Leser auf, im Erschließen der impliziten Kritik Brechts das eigene Verhalten in Bezug auf die geliebte Person zu überdenken."

►S.7 **1** *Mögliche Assoziationen:* Herrscher – Macht, Diktator, Anweisung, Befehl; Untertan – Furcht, Erwartung, Gehorsam; Information – indirekt, altertümlich, Mitteilung, wichtig

1.3 Komplexere Texte interpretieren

►S.8 **3** **Fragen:** Z. B.: Wie lautet die Botschaft? Für wen könnte die Figur des Kaisers stehen, für wen das „Du"? Wieso wird die Geschichte mit der Wendung „so heißt es" eingeleitet? Wie kann das „Du" sich die Botschaft „erträumen"?
Interpretationshypothese: In der Parabel geht es um die Unmöglichkeit von Kommunikation.

4 **b** Ein sterbender Kaiser trägt einem Boten vor den Augen des versammelten Hofstaats eine Botschaft für einen an den Rand des Reiches geflüchteten Untertan auf, doch der Bote kommt in der unendlichen Weite des kaiserlichen Palastes und Reiches kaum voran, sodass er wohl niemals seine Botschaft an den Untertan überbringen wird, der sich diese stattdessen in einem Traum vorstellt.

►S.9 **5**

Handlungsverlauf	„dass er sich sie noch ins Ohr wiedersagen ließ" (Z. 8 f.)	große Bedeutung der Botschaft und ihrer wahrheitsgetreuen Überbringung für den Kaiser
	„vor der ganzen Zuschauerschaft seines Todes" (Z. 10 f.)	Kontrast zur Einsamkeit des „Du" am Fenster
	„findet er Widerstand, zeigt er auf die Brust, wo das Zeichen der Sonne ist" (Z. 19 f.)	Macht des Kaisers ist selbst in seinem Symbol noch groß
	„wie nutzlos müht er sich ab" (Z. 26)	Kontrast zur zunächst betonten Kraft und Ausdauer des Boten
	„und so weiter durch Jahrtausende" (Z. 34 f.)	Übertreibung macht Sinnlosigkeit des Unterfangens deutlich
Schlusssituation	„Du aber sitzt an deinem Fenster und erträumst sie dir" (Z. 40 f.)	Der Angesprochene erwartet / erhofft sich die Botschaft.
Raum/Zeit	„Den Boten hat er am Bett niederknien lassen ..." (Z. 6) „... und wieder Treppen und Höfe; und wieder ein Palast; und so weiter durch Jahrtausende ..." (Z. 33 f.)	Der Kaiser übt noch im Sterben seine Macht aus. Demonstration der kaiserlichen Macht – die Macht ist allgegenwärtig jetzt und auch in der Zukunft
Erzähler	„Der Kaiser – so heißt es – hat dir ..." (Z. 1)	auktorialer Erzähler

6 Kafkas Parabel handelt von einer gestörten/erschwerten Kommunikationssituation, die durch ein großes hierarchisches Gefälle und durch ein unterschwellig angedeutetes Gefühl von Angst und Erwartung bei einem der Kommunizierenden bestimmt ist.

7

Kaiser	■ mächtige, aber geschwächte Person politische Instanz ■ Zentrum der Welt / einer Gesellschaft / einer Institution ■ Autorität ■ Herrscher, der in (zu) großer Distanz zu seinen Untertanen lebt	■ Regierender, der im Begriff ist, seine Macht zu verlieren? Autor? (s.unten) ■ Gott? Die Kirche? ■ autoritäre, geliebte Person: Vater? Lehrer? ■ entfremdete Person? ■
Untertan	■ machtlose, tatsächlich oder im bildlichen Sinne vom „Kaiser" entfernte / geflohene Person, die auf Kommunikation wartet („sitzt an deinem Fenster") ■ realitätsfremd („träumst sie dir") ■ Person in einer Randposition, weit weg vom Zentrum ■ Hoffender / Erwartender	■ machtloser Einzelner im Staat? Leser? → direkte Anrede im Schlusssatz, Gläubiger? Gottsuchender? Autor? ■ Sinn Suchender? ■ entfremdeter moderner Mensch? ■ die Hoffnung nicht aufgeben?
Botschaft	■ Anweisung ■ Rat ■ Lob / Tadel	■ Demonstration der Macht? ■ Antwort auf zentrale Frage? religiöse Offenbarung? ■ Anerkennung / Wahrnehmung durch den Höhergestellten?
Bote	■ Übermittlungsmedium ■ Diener des Staates ■ Scheiternder	■ Text? Sprache? ■ religiöser Vermittler: Priester, Kirche? ■ Autor?

►S. 10 **8**

Kontraste (weitere) Figur des Boten – Unmöglichkeit seiner Mission	„ein kräftiger, ein unermüdlicher Mann" (Z. 16 f.) ⟷ „wie nutzlos müht er sich ab" (Z. 26)	Hervorhebung der Sinnlosigkeit des Unterfangens, positive Darstellung der Figur des Boten in ihrem Bemühen
Satzbau: hypotaktisch mit vielen Einfügungen	durchgehend	spiegelt den ‚endlosen', mit Widerständen besetzten Weg der Botschaft wider; alptraumhaftes Element der ständigen Verzögerung
Stil: hyperbolisch	„winzig" (Z. 2); „fernste Ferne" (Z. 3); „nehmen kein Ende" (Z. 22 f.); „wie würde er fliegen" (Z. 24); „niemals wird er sie überwinden" (Z. 28); „und gelänge ihm dies, nichts wäre gewonnen" (Z. 28 f.);	betont die Aussichtslosigkeit des Unterfangens und die Distanz zwischen den Kommunikationspartnern; schafft irreale, traumartige Atmosphäre
detailliert	„durch Jahrtausende", (Z. 34 f.); „den Arm vorstreckend" (Z. 18); „das Zeichen der Sonne", (Z. 20); „Gemächer [...] Treppen [...] Höfe" (Z. 27 ff.)	veranschaulicht den langwierigen Weg des Boten, lassen den Leser nach tieferer Bedeutung suchen
Alliterationen	„fernste Ferne" (Z. 3); „freies Feld" (Z. 23)	lyrischer Ton
Erzählperspektive	auktorialer Erzähler	überschaut die Weite der Distanz zwischen den Handlungsorten, enthält dem Leser die entscheidende Information (Inhalt der Botschaft) vor
	passagenweise in der ungewöhnlichen zweiten Person Singular	Leser fühlt sich angesprochen, dadurch entsteht selbstreflexiver Charakter: eine Deutung des Textes als Parabel über das Lesen wird nahegelegt
Adjektive	„jämmerlichen" (Z. 2); „winzig" (Z. 2); „hindernden"; (Z. 12); „weit" (Z. 14); „hoch" (Z. 14); „kräftiger" (Z. 16 f.); „unermüdlicher" (Z. 17); groß", (Z. 22); „freies" (Z. 23); „innersten"; (Z. 27); „äußersten" (Z. 35)	erzeugen räumlichen Eindruck der Distanz dienen der kontrastiven Charakterisierung
Wiederholungen	„fernste Ferne" (Z. 3); „niemals, niemals" (Z. 36)	verdeutlichen die Hoffnungslosigkeit des Unterfangens, tragen zur alptraumhaften Atmosphäre bei
Metaphern	„kaiserlichen Sonne" (Z. 3); „Schatten", (Z. 4); „Bodensatzes" (Z. 38)	positiv konnotierter Begriff, Betonung der für den Text zentralen Kontrastierung Zentrum und Rand, gleichzeitig Kontrast zu den Untertanen als „Schatten" bzw. „Bodensatz"
	„kämpfen" (Z. 30); „durchmessen" (Z. 32)	Betonung der Beschwerlichkeit und Weite des Wegs

►S. 11 **9**

Gefühle/Verhalten		Verhältnis zu		Verhalten
Furcht		unterlegen		fragend/
Sprachlosigkeit	Franz Kafka	⇄	Vater	Kommunikation suchend
Verwirrung		beherrschend		Angst einflößend

10

Kaiser	Vater	mächtige, aber isolierte Person, deren Tod droht
Untertan	Kafka	aus Angst vor dem als Furcht einflößend erlebten Kommunikationspartner Geflohener; einen Kommunikationsversuch erhoffend und sich dessen Inhalt vorstellend
Machtverhältnis Kaiser – Untertan	Machtverhältnis Vater – Sohn	Bedeutung und Auswirkungen von Machtverhältnissen in der Kommunikation
Botschaft	vom Sohn erhoffte bedeutsame Zuwendung des Vaters	Kommunikation als Form der Beachtung / Zuwendung
Weg des Boten	emotionale Distanz zwischen Vater und Sohn	hoffnungslos groß erscheinende Distanz zwischen Kommunikationspartnern

►S. 12 **11** Franz Kafkas Parabel „Eine kaiserliche Botschaft" aus dem Jahr 1919 handelt von einer gestörten/erschwerten Kommunikationssituation, die durch ein großes hierarchisches Gefälle und durch ein unterschwellig angedeutetes Gefühl von Angst und Erwartung bei einem der Kommunizierenden bestimmt ist.
Ein sterbender Kaiser trägt einem Boten vor den Augen des versammelten Hofstaats eine Botschaft für einen an den Rand des Reiches geflüchteten Untertan auf, doch der Bote kommt in der unendlichen Weite des kaiserlichen Palastes und Reiches kaum voran, sodass er wohl niemals seine Botschaft an den Untertan überbringen wird, der sich diese stattdessen in einem Traum vorstellt.
Auffällig in Kafkas Parabel ist die Kontrastierung der Figur des Kaisers und der des Untertans, für den die Botschaft bestimmt ist: Die Metapher der „kaiserlichen Sonne" verdeutlicht die zentrale Stellung und Funktion des Ersteren; der Untertan ist nur ein „Schatten" und somit in seiner Existenz vom „Licht", von der Macht des Kaisers abhängig. Seine Position am Rande des Reiches, weit entfernt vom Herrscher, macht die Kommunikation unmöglich. Das zwischen den beiden bestehende extreme hierarchische Gefälle wird zudem in der immer wieder betonten großen Distanz, welche die Botschaft zurücklegen muss, veranschaulicht. Dies geschieht u. a. durch die Verwendung zahlreicher räumlicher Adjektive („weit", „hoch", „groß", „freies Feld", „innersten" bzw. „äußersten Palastes") und durch den hypotaktischen Satzbau mit detaillierten Aufzählungen der einzelnen Abschnitte des Wegs und der Hindernisse.
Die beiden kontrastierenden Figuren lassen sich aber noch genauer charakterisieren: Der Kaiser ist, bei aller Macht, die sich im Prunk seines Hofstaats ausdrückt, ein Sterbender; seine Macht vergeht, was in der Veränderung von der zu Beginn des Textes genannten „kaiserlichen Sonne" zum „Abend" am Textende auch bildhaft ausgedrückt wird. Der Untertan ist vor seinem Herrscher „in die fernste Ferne geflüchtet" – das Verhältnis zwischen beiden ist also einerseits bestimmt von Angst und Bedrohung. Andererseits „erträumt" sich der Untertan, passiv an seinem Fenster sitzend und offensichtlich sie erwartend, die Botschaft – wobei das Verb sowohl den Aspekt des Sich-Vorstellens als auch den des Sich-Erhoffens konnotiert. Die zentrale Leerstelle des Textes ist der Inhalt der Botschaft. Darum bleibt auch die erwähnte Zwiespältigkeit des Verhältnisses zwischen den beiden Figuren in der Deutung offen.
Eine weitere Auffälligkeit des Textes ist die ungewöhnliche Verwendung der Anrede des Lesers in der zweiten Person Singular an mehreren Stellen. Durch diese Technik wird der Leser in das Geschehen der Parabel hineingezogen; nahegelegt wird eine Deutung, in der er sein eigenes Lesen des Parabeltextes als Teil der Handlung thematisiert sieht: Die Aussage von Kafkas Text bleibt letztlich genauso offen wie der geheimnisvolle Inhalt der Botschaft; der Leser sieht sein eigenes Lesen als ein ‚Träumen', ein Fantasieren über den Sinn des Gelesenen dargestellt.
In der dritten Figur der Geschichte, dem Boten, wird noch ein weiterer Aspekt des Kommunikationsvorgangs veranschaulicht: der Weg der Botschaft und die mühevolle und (in der Parabel) aussichtslose Arbeit ihres Überbringers. Trotz der positiven Charakterisierung des Boten als „kräftig" und „unermüdlich" bleibt sein Auftrag zum Scheitern verurteilt, was vor allem an der extremen Distanz des Kommunikationsweges liegt, die immer wieder hyperbolisch („fernste Ferne", „nehmen kein Ende", „niemals wird er sie überwinden", „durch Jahrtausende") und durch Wiederholungen („fernste Ferne", „niemals, niemals") betont wird.
Der offene Charakter der Parabel lässt viele Deutungsmöglichkeiten zu: Neben der schon beschriebenen Thematisierung des Lesevorgangs selbst könnte man den Text als Beschreibung der entfremdenden Distanz zwischen Regierung und Untertanen eines modernen Staates verstehen, als Darstellung der vergeblichen Sinnsuche eines Gläubigen, den die Botschaft Gottes nicht mehr erreicht, oder ganz allgemein als Veranschaulichung der fehlschlagenden Kommunikation in einer hierarchischen oder als hierarchisch empfundenen Personenkonstellation (Vater – Sohn, Lehrer – Schüler). Letztlich gewinnt der Text seine Wirkung gerade aus dem Kontrast zwischen der detailliert beschriebenen alptraumhaften Atmosphäre des unermüdlichen, aber sinn- und erfolglosen Bemühens um das Erreichen des anderen einerseits und seiner großen Deutungsoffenheit andererseits, mit der er eine eindeutige und damit beruhigende Antwort auf die Fragen des Lesers verweigert.

1.4 Texte vergleichen

►S. 14 **2** **Thema bei Botho Strauß:** Warten auf den Zug als Möglichkeit zur Heimkehr
Thema bei Franz Kafka: Warten auf Einlass in das Gerichtsgebäude als Möglichkeit, Gerechtigkeit zu erfahren.
Gemeinsamkeiten: vergebliches Hoffen, sinnloses Verhalten des Protagonisten, Vertrauen in eine Lösung

3 **„Wann merkt ein Mann":** Ein Wanderer erreicht erschöpft einen verlassenen, freistehenden Bahnhof und wartet dort auf einen Zug, der ihn nach Hause bringen soll, obgleich der desolate Zustand des Bahnhofsgebäudes nahelegt, dass dieses nicht mehr in Betrieb ist. Schließlich schläft er auf einer Bank ein.
„Vor dem Gesetz": Einem Mann wird der von ihm verlangte Eintritt in ein Gerichtsgebäude von dem davor wachenden Türhüter verwehrt. Er beginnt daraufhin, vor dem Gebäude zu warten, darf dieses jedoch weiterhin nicht betreten. Über eine jahrzehntelange Wartezeit hinweg verändert sich dieser Zustand nicht. Erst als der Mann kurz vor dem Tod steht, erfährt er vom Türhüter, dass der Eingang, vor dem sie sich befinden, nur für ihn bestimmt gewesen sei, wobei unklar bleibt, wie er ihn hätte durchschreiten können.

►S. 15 **4** a+b

Schlüsselwörter / -begriffe:	Bahnhof, warten, merken	selbst gewählte Wartesituation, vertrauensvolles Hoffen, erhört zu werden	Gesetz, Eintritt / Einlass, Türhüter,
Handlung: Konflikt / Problem, Ursachen / Entwicklung / Lösung	Erschöpfung; Vertrauen in das „Funktionieren" des Bahnhofs; Entwickeln einer eigenen, wenig plausiblen Logik; offenes Ende (in Bezug auf die zukünftige Lösung des Problems)	passives Hoffen auf Erfüllung des eigenen Wunsches; „Glaube" an die dem gesuchten / gewählten Ort innewohnende Bestimmung	Suche nach Gerechtigkeit; Vertrauen in die letztendliche Zugänglichkeit der Institution; offenes Ende (in Bezug auf die in der Vergangenheit verpassten Möglichkeiten der Lösung des Problems)
Figuren: Erscheinung, Verhalten, Entwicklung	erschöpft, optimistisch, verhält sich nur scheinbar logisch	vertrauensvoll, Naivität, Passivität, statisch / keine Entwicklung (keine Verhaltensänderung)	Mann vom Lande: fragt andere Person (Türhüter); Türhüter: Furcht einflößend, rätselhaft
Beziehungen zwischen den Figuren	———	———	hierarchisch, fehlschlagende Kommunikation
Stil: Wortwahl, Sprachebene, Satzbau, Satzarten, auffällige grammatische Konstruktionen	detaillierte Beschreibung des verfallenen Bahnhofs; Fragesatz am Anfang: benennt Thema; danach folgen Aussagesätze	Verwendung des Präsens verleiht der Handlung etwas Überzeitliches, Allgemeingültiges	detaillierte Beschreibung des Verhaltens beider Figuren und ihrer Gespräche; am Anfang Aussagesätze; Fragesatz am Ende: leitet Höhepunkt (rätselhafte Antwort des Türhüters) ein
Erzählperspektive: Wer erzählt aus welcher Sicht / Position?	distanzierte auktoriale Perspektive, die das Verhalten des Wanderers von außen beurteilt („einen sicheren Trugschluss")	———	personale Perspektive: Sicht des Wartenden
Bilder: Metaphern, Vergleiche, Symbole	„stillgelegter Bahnhof" (Z. 2); „freistehend [...] ohne zugehörige Ortschaft" (Z. 30); fehlende Fahrpläne	bildhafte Bedeutung eines Gebäudes, das seiner erwarteten Funktion nicht gerecht wird	metonymische Verwendung des Gerichtsgebäudes, das für das Versprechen von Gerechtigkeit steht

1.5 Klausurtraining: Parabelinterpretation

►S. 16 **1** Ein Rennfahrer erlebt während des Rennens den Rausch der Geschwindigkeit im Gefühl der als Lust empfundenen Gefahr und im Vorbeifliegen der Landschaft an der Rennstrecke. Im Ziel angekommen, fühlt er sich betäubt und unsicher.

2 **Erster Absatz** (Z. 1–15): Rennstart; Anfahren des Wagens; Beschleunigung der Geschwindigkeit. **Zweiter Absatz:** Vorbeirauschen der Landschaft; gleichbleibende Geschwindigkeit. **Dritter Absatz:** Haus und Frau tauchen auf (Z. 20–28): Möglichkeit des Verlangsamens; Ungewissheit über Aussehen der Frau, erneutes Verschwinden der Frau (Z. 27): Wiederaufnahme des Tempos. **Vierter Absatz:** Erreichen des Ziels, Stillstand, langsames Weggehen des Fahrers; Absenken der Geschwindigkeit bis auf null. Der Text spiegelt die Struktur des Rennens mit seinem plötzlichen Start, der extremen Beschleunigung und dem abrupten Ende wider. Im dritten Teil bleibt unklar, ob die im Konjunktiv formulierte Möglichkeit einer stark verlangsamten Existenz und Wahrnehmung eine Reflexion des Fahrers oder des Erzählers ist. Kunert will den Leser den Geschwindigkeitsrausch des Fahrers nachempfinden lassen und ihn dennoch in diesem Teil zum Innehalten und Nachdenken zwingen.

3

Syntax	lange, zum Teil elliptische (syntaktisch unvollständige) Sätze	parataktischer Stil: könnte blitzlichtartig Eindrücke schildern; möglicherweise ginge aber der Eindruck des ununterbrochenen Rausches der Geschwindigkeit verloren	Eindrücke des Rennfahrers gehen ineinander über, Gesamteindruck des Rennens als eines rauschhaften Kontinuums
Charakterisierung der Hauptfigur	berauscht, ziellos, sein Handeln nicht hinterfragend und begreifend	reflektiert, zögernd	verkörpert die zu kritisierenden Eigenschaften (Mangel an Bewusstsein, unreflektierter Genuss, ungenaue Wahrnehmung der Welt, Vereinsamung)

sprachliche Mittel (Auswahl)	Personifikation des Wagens	sachliche Beschreibung / Nennung des Fahrzeugs	Aspekt der Gewalt („sie unter sich zu zwingen"), Fahrer und Gefährt verschmelzen
	Ellipse: „Und wäre ohne diesen Tropfen schal. Und gleicht der anderen Lust […]" (Z. 10)	vollständige Sätze	Leser muss das Subjekt („Die Lust des Fahrers") ergänzen und wird so an der Konstruktion des Textsinns beteiligt.
	Aufzählung detaillierter Wahrnehmungen im Nominalstil: „alles Nahe, Buschhafte, Blättrige" (Z. 17 f.)	oberflächliche Beschreibung der Umgebung	Wahrnehmung der Umgebung durch den Leser wird (im Kontrast zu der des Fahrers) verlangsamt und sein Blick auf Einzelheiten gelenkt, Vorausdeutung auf reflexiven Teil im folgenden Absatz

4 ***Hinweis** zur inhaltlichen Ausarbeitung:*

der Rennfahrer	der moderne Mensch
das Rennen	das Leben (im Ganzen oder in seinen Abschnitten)
der Wagen	technische Möglichkeiten (Maschinen, Medien) zur Beschleunigung des Lebens und der Wahrnehmung
der Blick des Rennfahrers auf die Welt	Wahrnehmung und Würdigung von Details in anderen Menschen, in der Natur
die Frau	Möglichkeit einer Beziehung zu einer anderen Person, die aber durch die beschleunigte, oberflächliche Wahrnehmung der Welt verfliegt
das Ziel	Moment des Innehaltens, der aber nicht zur Besinnung genutzt wird, sodass der Sinn seines Tuns dem Menschen unklar bleibt
die Ankunft / das Aussteigen	Gefühl innerer Leere im Moment der erzwungenen Verlangsamung des Lebensrhythmus

►S. 17 **5** **a** Die Parabel „Rennfahrer" von Günter Kunert kritisiert die Oberflächlichkeit der Wahrnehmung und des Erlebens des modernen Menschen, dem im Rausch eines immer schneller gelebten Lebens das Bewusstsein für Sinn und Ziel des eigenen Tuns verloren geht.

c Kunerts Parabel stellt den Rennfahrer als Inbegriff des entfremdeten Menschen der Moderne dar: Allein und gefangen in einer Technik, die sein Leben extrem beschleunigt, bleiben ihm Sinn und Ziel dieses Lebens ungewiss. Die Beschleunigung macht seine Wahrnehmung der Natur und seiner Mitmenschen oberflächlich; eine befristete Zufriedenheit gewinnt er nur aus dem Rausch der Geschwindigkeit und dem Reiz der mit ihr verbundenen Gefahr.

Der hypotaktische Stil spiegelt dabei das Kontinuum des Rennens wider, das keine Pause und kein Besinnen zulässt. Fahrer und Gefährt verschmelzen beim Start; der Wagen gewinnt in der Personifizierung ein Eigenleben, er „heult auf" (Z. 1) und „verschlingt" (Z. 2) die Straße, nachdem er sie „unter sich" (Z. 2) gezwungen hat, wodurch der aggressive-repressive Aspekt der Weltwahrnehmung des Rennfahrers deutlich wird. Seine ganze Aufmerksamkeit ist auf den Genuss des Geschwindigkeitsrausches gerichtet.

Der Leser soll sich jedoch nicht völlig mit dieser Wahrnehmung identifizieren, sondern sich immer wieder von ihr distanzieren, um eine kritische Haltung zum Verhalten des Rennfahrers einnehmen zu können. Dies geschieht durch die auktoriale Erzählperspektive, in der dieses Verhalten immer wieder reflektiert und implizit bewertet wird („er fährt nur, um zu fahren" [Z. 15], „Nirgendwo angekommen, […] bleibt er sich unverständlich und sein Tun ihm unbegreifbar" [Z. 35]). Der Erzähler lässt den Leser da genauer hinsehen und Details erkennen, wo der Rennfahrer blind vorbeirast – zum Beispiel in den Impressionen der Natur am Streckenrand, die durch einen ungewöhnlichen Nominalstil in der Beschreibung Aufmerksamkeit beanspruchen („alles Nahe, Buschhafte, Blättrige, Bauschige" [Z. 17 f.]). Ob die flüchtigen Wahrnehmungen im dritten Abschnitt („ein helles Bauwerk" [Z. 20] ; „[…] den kriechenden Fluss […]" [Z. 22]; „Menschen […]" [Z. 25]; „das Gesicht einer Frau" [Z. 26]) und die von ihnen ausgelösten konjunktivischen Reflexionen über die Möglichkeit eines verlangsamten Lebens und Wahrnehmens dem Rennfahrer oder dem Erzähler zuzuschreiben sind, bleibt ungewiss. In ihnen wird der didaktische Charakter des Parabeltextes deutlich, der zu ebensolch einer Verlangsamung aufrufen will. Im Schlussabsatz wird diese Intention noch deutlicher: Die Inschrift auf der Ziellinie ist eine „kleine Lüge" (Z. 31), da der Fahrer sein (so die implizite Sicht des Erzählers) wahres Ziel verfehlt: sich selbst, den Sinn seines Tuns und seine Umwelt wahrzunehmen und zu verstehen.

2 Übungen: Kurzgeschichten

2.1 Wolfgang Borchert

►S. 22 **1** Thema des Textes ist die Erfahrung des Todes nach einem Luftangriff am Ende des Zweiten Weltkrieges. Es geht auch um die Frage, wie ein neunjähriger, auf sich allein gestellter Junge nach dem Tod von Angehörigen weiterleben kann.

2 Der innere Konflikt besteht darin, dass der Junge meint, an einer Hausruine ausharren zu müssen, um seinen verschütteten kleinen Bruder vor Ratten zu schützen, er aber zugleich seinen Platz verlassen möchte, um die jungen Kaninchen zu sehen.

3 *Möglicher Inhalt der Denkblase:* Der arme Junge ist der irrigen Annahme, dass er den toten Körper seines Bruders vor Ratten schützen kann, indem er vor der Ruine ausharrt. Irgendwann wird er darüber selbst zusammenbrechen. Ich muss ihm möglichst schnell einen guten Grund liefern, warum er – zumindest für ein paar Stunden – die Trümmerstätte verlassen kann.

4 *Schuttwüste (Z. 4):* Zerstörung, Tod; *Sonne (Z. 19):* lebensspendende Energie; *junge Kaninchen (Z. 50 ff.):* neues Leben; *Kuhlen (im Schutt [Z. 112]):* „Lauter kleine Betten"; Geborgenheit, Ausruhen, neue Kraft schöpfen; *grünes Kaninchenfutter (Z. 131):* „Grün" als Farbe des Lebens und der Hoffnung; *etwas grau (Z. 132):* Signal für das langsame Überwinden von Tod und Zerstörung.

►S. 23 5 Die Kurzgeschichte „Nachts schlafen die Ratten doch" von W. Borchert stellt dar, wie ein neunjähriger Junge am Ende des Zweiten Weltkrieges mit Tod und Vernichtung konfrontiert wird und wie ein älterer Mann ihm wieder zu einer Perspektive verhelfen will.

6 Die Kurzgeschichte wird von einem auktorialen Erzähler präsentiert. Sie weist einen offenen Anfang auf, denn der Leser wird unvermittelt mit den beiden Hauptfiguren, dem Jungen und dem älteren Mann, konfrontiert. Zentrales Ereignis der Handlung ist der Versuch des älteren Mannes, den Jungen von seiner vergeblichen Verteidigung des toten Bruders wegzulocken. Am Ende wird angedeutet, dass dieser Versuch Erfolg hat. Der Vorgang wird in Form des szenischen Erzählens mit längeren Partien von wörtlicher Rede dargestellt.

7 *denn* er fühlt sich verpflichtet, den toten Bruder zu beschützen, da sonst kein Familienmitglied mehr am Ort ist. *Das zeigt sich z. B. in Zeile 21–25;* ..., dass Jürgen sich einen Stock besorgt hat, mit dem er Ratten vertreiben will, die für den toten Bruder gefährlich sein könnten. *Er* überblickt in seiner Naivität nicht, dass seine Bemühungen nutzlos sind, und er glaubt der falschen Information des Mannes, dass Ratten nachts schlafen. *Der ältere Mann* erkennt die verzweifelte Lage des Jungen nach und nach und er entwickelt eine Strategie, ihm zu helfen. *Er erkennt,* dass Jürgen sich verpflichtet fühlt, den toten Bruder gegen Ratten zu verteidigen, dabei jedoch seine Handlungsmöglichkeiten ganz falsch einschätzt. *So weist* er im ersten Abschnitt *darauf hin, dass* Jürgen sich in einer „Schuttwüste" (Z. 4) befindet. Das Bild spiegelt Jürgens inneres Empfinden. *Außerdem* enthält der Text aber auch Symbole für neue Hoffnung und neues Leben. So steht z. B. die „Sonne" (Z. 132 ff.) für die neue Hoffnung, die Jürgen haben kann.

8 ***Hinweise*** *zur inhaltlichen Ausarbeitung:* In dem Brief kann Jürgen dem inzwischen wohl alten Mann dafür danken, dass er vor zehn Jahren so viel Geduld und Verständnis gehabt hat, sich in seine Lage hineinzuversetzen und ihm einen Ausweg aus seiner verzweifelten Situation anzubieten. Er kann ihm seine Notlüge verzeihen und anerkennen, dass er ihn mit der Verheißung, sich um junge Kaninchen kümmern zu können, wieder ins Leben zurückgeholt hat.

2.2 Irene Dische

►S. 26 1 a+b

1. Abschnitt (Z. 1–13): Wenn man jünger aussehen will, muss man oft leiden. *Schlüsselwörter:* jünger aussieht (Z. 2); ohne Quälerei (Z. 5); *2. Abschnitt (Z. 14–36):* Körperliche Attraktivität und eine gehobene Position erhöhen die Chance, eine attraktive Partnerin zu finden. *Schlüsselwörter:* Attraktivitätsskala (Z. 15); Vater in einer gehobenen Position (Z. 34 f.); *3. Abschnitt (Z. 37–67):* Verlust einer Partnerin; gewinnt eine weniger ansehnliche Karrierefrau; ist nun selbst in einer gehobenen Position. *Schlüsselwörter:* kein Talent zum Schmusen (Z. 43); gehobenen Positionen (Z. 51); meine Frau (Z. 58); Karriere (Z. 61); *4. Abschnitt (Z. 68–102):* Frau steigert ihre Attraktivität mit Kosmetik; er verliert Attraktivität durch das Älterwerden; er geht in einen Schönheitssalon, um sein Äußeres zu optimieren. *Schlüsselwörter:* Älterwerden (Z. 80); Schönheitssalon (Z. 84); *5. Abschnitt (Z. 102–134):* Kampf gegen das Älterwerden, neue Liebschaften sollen Attraktivität beweisen. *Schlüsselwörter:* Verlangen nach Komplimenten (Z. 109); Inge (Z. 123); *6. Abschnitt (Z. 135–165):* Konzentration auf seinen Körper; nimmt sich eine Friseuse zum Vorbild, die – so denkt er – nach einem Unfall plötzlich attraktiver geworden ist. *Schlüsselwörter:* Körper (Z. 137); Friseuse (Z. 146); Autounfall (Z. 155); *7. Abschnitt (Z. 166–191):* Er inszeniert einen Unfall; weitere Beeinträchtigung seiner Attraktivität; *Schlüsselwörter:* attraktiv wie eine Schrottkarre (Z. 172 f.); *8. Abschnitt (Z. 192–204):* Wiederaufkeimen der Liebe zwischen ihm und seiner Frau (Z. 192–204). *Schlüsselwörter:* Liebhaber aufgegeben (Z. 193); Liebe wuchs (Z. 204).

2 Am Ende konkurriert der Ich-Erzähler nicht mehr mit anderen um besondere körperliche Attraktivität, da der selbst inszenierte Unfall irreparable Schäden hinterlassen hat. Die Folge ist, dass nicht nur er, sondern auch seine Frau den Kampf um äußerliche Schönheit aufgeben und sich erstmals auf innere Werte konzentrieren. So entdecken sie wieder ihre Liebe zueinander.

3 **Aspekt: Erzählperspektive** – Darstellungsweise: strikte Beschränkung auf die Sichtweise des Ich-Erzählers – Deutung: Der Ich-Erzähler ist egozentrisch, nur auf sich und die Steigerung seiner körperlichen Attraktivität und eine gute Startposition im Wettlauf um attraktive Partnerinnen konzentriert.

Aspekt: Erzählhaltung – Darstellungsweise: distanzierte, nüchterne, emotionslose Haltung – Deutung: Da der Ich-Erzähler nur an seinem äußerlichen Erscheinungsbild interessiert ist, ist er zunächst unfähig, Gefühle zu entwickeln.

Aspekt: Handlungsebenen – Darstellungsweise: Darstellung vieler äußerer Vorgänge, kaum inneres Geschehen (z. B. kein innerer Monolog) – Deutung: Auch diese strukturelle Besonderheit passt zur Verkümmerung seiner emotionalen Beziehungsfähigkeit.

Aspekt: Ausführungsgrad der Figur – Darstellungsweise: eher eindimensionale Selbst-Darstellung des Ich-Erzählers; Beschränkung auf wenige Aspekte der Figur – Deutung: Die Figur kann sich nicht menschlich vielschichtig entfalten, da sie nur den Konkurrenzkampf um körperliche Bestnoten im Sinn hat.

Aspekt: Erzählgang – Darstellungsweise: nahezu gleichmäßig voranschreitender Erzählbericht ohne szenische Entfaltungen an Stellen, die akzentuiert werden könnten – Deutung: Das Leben der Figur bleibt monoton einem Ziel verpflichtet, das sich letztlich als nicht erreichbar erweist.

Aspekt: sprachliche Besonderheiten – Verwendung von Ziffern – oft einfache, floskelhafte Umgangssprache (z. B.: „Er ist gut im Bett"/Z. 39 f.); Ziffern signalisieren, dass sich die Figur laufend an anderen misst und das Leben als einen permanenten Ranking-Kampf um körperliche Bestnoten (miss)versteht. Die Simplizität der Sprache spiegelt die Schlichtheit der Gedanken, die der Ich-Erzähler an den Tag legt.

►S. 27 **4** **b** Z. B.: Z. 14–20: „Aussehen zählt. Der Platz, den jeder von uns auf der Attraktivitätsskala von 1 bis 10 einnimmt ... bis in die Gründe des Avernus." Z. 30: „Ich stand gern vor dem Spiegel ..." Z. 68–83: „Sie stürzte sich auf die Kosmetik ... von nun an besuchte ich einen Schönheitssalon." Z. 118–122: „Es machte mir sogar Spaß, meiner Frau zu signalisieren ..., dass sie gerade mit einer jüngeren Frau verglichen wurde und dabei den Kürzeren zog." Z. 135–137: „Ich ließ die Arbeit schleifen und kümmerte mich die meiste Zeit um meinen Körper ..." Z. 171 f.: „Auf der Skala kam ich erst mal nicht mehr vor ... und wartete auf die positiven Veränderungen in meinem Aussehen."

5 *Mögliche Interpretationsthesen:* Der Ich-Erzähler (Hauptfigur) sieht sich in einem permanenten Konkurrenzkampf um körperliche Attraktivität, wobei er andere Werte missachtet./Die auf Äußerlichkeiten konzentrierte Egozentrik der Figur spiegelt die Autorin in einer emotionslosen Diktion (Ausdrucksweise) und unter weitgehendem Verzicht auf inneres Geschehen./Die Kurzgeschichte kritisiert den Körperkult, der in der Postmoderne nach Ansicht vieler Beobachter überhandgenommen hat./Die Autorin entwickelt die klassische Form der Kurzgeschichte weiter, indem sie eine größere Lebensspanne einer Figur – und nicht nur ein zentrales Ereignis – erzählt und dabei auch auf den für Kurzgeschichten lange Zeit typischen offenen Anfang verzichtet.

6 ***Hinweise*** *auf mögliche Aspekte:* Man verliert seine persönliche Ausstrahlung, die eben nicht nur auf körperlicher Konkurrenzfähigkeit beruht./Auch an anderen nimmt man über die körperliche Attraktivität hinaus kaum Qualitäten wahr./Persönliche Beziehungen leiden./Bei fehlender oder nachlassender Attraktivität kann man sein Selbstbewusstsein nur durch hektische Kompensationshandlungen retten, allerdings immer nur auf Zeit./Mit fortschreitendem Alter ist man von der Natur zum Verlierer verurteilt.

3 Übungen: Roman

3.1 Johann Wolfgang Goethe: Die Leiden des jungen Werther

►S. 29 **1** **a** *äußere Situation:* Werther berichtet Wilhelm von seiner Zuneigung zu Lotte, die in gewissem Grade sich auch körperlich äußert. „Finger ... berührt" (Z. 2); „ihre Hand auf die meinige legt" (Z. 9 f.); „Atem ihres Mundes meine Lippen erreichen kann" (Z. 11 f.). *emotionale Situation:* Er ist in einem Zustand äußerster Verwirrung und Erregung: „schwindelig" (Z. 6); „wie vom Wetter gerührt" (Z. 13). Sein Grundzustand ist der der „Irrung und Finsternis" (Z. 32).

b Die Andeutung eines möglichen Selbstmordes (mit der Vorwegnahme der Form!) weist auf den schrecklichen Ausgang der Affäre hin.

2 **a** **1.** wie es mir eiskalt den Rücken herabläuft, wie es mir durch und durch geht;
2. sie spürt in ihrer Unbefangenheit nicht ...;
3. Ich bin in ihrer Nähe wunschlos glücklich.

3 Werther ist so in Lotte verliebt, dass er keinen klaren Gedanken fassen kann; er ist von ihrer bloßen Nähe entzückt. Werther selbst ahnt, wie verhängnisvoll diese Art der Beziehung für ihn werden kann, wenn sie nicht einer distanzierteren, realistischeren Betrachtungsweise weicht.

4 a **Briefmerkmale:** Typische Gliederungsmerkmale des Briefes (Anrede, Anknüpfung, kommunikativer Bezug, Grußformel) fehlen. Lediglich der Adressat (der nicht wiederholt wird, da nur Wilhelm in Frage kommt) und das Datum werden mitgeteilt.
Tagebuchmerkmale: Werther spricht monologisch, bezieht den Adressaten nur in seine Stimmung, sein Hochgefühl mit ein. Insofern ist es ein Tagebuch, das die Spiegelung von Erlebtem im Bewusstsein schriftlich festhält.

b Der Freund Wilhelm ist eine Art Alter Ego des Autors, das diesen vertraulichen Text mitliest. In dieser monologisch-subjektiven Struktur deutet sich schon die radikale Selbstbezogenheit Werthers („Herz", Z. 16; „Seele", Z. 21) an – mitsamt der darin liegenden Gefährdung (Vorausdeutung).

►S. 30 **5** a Der Brief zeugt stärker von Fantasie und Wunschdenken als von Beschreibungsrealismus. Textbelege sind: „wie mir das durch alle Adern läuft" (Z. 1): subjektive Wahrnehmung / Reaktion; „kleine Vertraulichkeiten" (Z. 8): Interpretation freundlichen Verhaltens; „(sie) fühlt nicht" (Z. 7): Unterstellung, Projektion; „der himmlische Atem" (Z. 11): interpretierende Aufwertung, Übertreibung; „sie ist mir heilig" (Z. 19): subjektive Wahrnehmung, Übertreibung.

b Wiederholung der Pronomina „ich", „mein": Ausdruck der Fixierung auf Subjektivität; Satzbau: neben vollständigen Sätzen Satzabbrüche (Aposiopese); Satzzeichen: Gedankenstriche, Ausrufe, Interjektionen: Verdeutlichung der emotionalen Spontaneität, Ursprünglichkeit, des ungebrochenen Gefühls.

6 Z. 20 f.: „Ich weiß nie, wie mir ist, wenn ich bei ihr bin"; sachlich-nüchterne Beschreibung der eigenen Person; Beschreibung und Inhalt konvergieren, deuten auf Werthers labilen Gemütszustand hin; Z. 31 f.: „… wo ich mir eine Kugel vor den Kopf schießen möchte!": pathetisch; gibt die Seelenpein Werthers wieder;
Aspekte der Deutung: Im Brief vom 16. Juli fallen erlebendes und erzählendes Ich nahezu zusammen. Werther beschreibt seine Einstellung Lotte gegenüber. Er empfindet die Nähe der geliebten Frau körperlich-sinnlich (Berührung der Hände und Füße, Sprechen/ Mund, Singen, Musizieren). Dem Freund gegenüber versichert er, dass er seine Leidenschaft zügeln werde, weil Lotte ihm „heilig" (Z. 19) sei. Der Brief teilt kaum Fakten mit (Lied), sondern vermittelt die Stimmung des Autors. Die stilisierte Verehrung zeigt, dass es sich nicht um ein gegenseitiges, kommunikativ geklärtes Verhältnis handelt. Werther himmelt Lotte an. Sein Zustand äußerster Verwirrung und Erregung [„schwindlig" (Z. 6); „wie vom Wetter gerührt" (Z. 13)] deutet aber auch bereits auf seine Gefährdung [„angreift" (Z. 30)] hin: Sein Grundzustand ist der der „Irrung und Finsternis" (Z. 32); Lotte befreit ihn davon. So groß ihr Einfluss ist – er könnte auch zerstörerisch wirken. Andererseits wird die Ambivalenz der Situation schon spürbar: das Glück ist nicht ungetrübt, sondern weckt „Begier" (Z. 19), die (nur) in Lottes „Gegenwart" (Z. 19 f.) „schweigt" (Z. 19). Die reine Gegenwart genügt Werther nicht – er erwartet mehr von dieser Beziehung, mehr Dauer, mehr Erfüllung (vgl. die erotischen Anspielungen). Die Übereinstimmung von erlebendem und erzählendem Ich zeigt Risse.

►S. 31 **7** **Brief vom 21. Juni:** Die Übereinstimmung zwischen erzählendem und erlebendem Ich ist nahezu vollkommen (vergegenwärtigendes Präsens). Die gegenwärtige Glückserfahrung gilt auch im Hinblick auf die Zukunft („mit mir mag werden, was will"). / **Brief vom 3. November:** Hier ist die Erfahrung der Vergangenheit vollkommen in den Vordergrund getreten. Die Gegenwart wird nur noch als Verlust eines vergangenen Glücks begriffen („nicht wieder", „ehemals", „keine mehr", „habe verloren", „schuf", „dahin").

8 **Aspekt der Kontextualisierung:** Werther betrachtet seine gegenwärtigen Erfahrungen also zunehmend unter dem Aspekt des Verlustes; er lebt nicht mehr in einer offenen Gegenwart, sondern in der Erinnerung. Diese letztlich zerstörerische Entzweiung kündigt sich im Brief vom 16. Juli bereits an.

9 b In der Darstellung aus Lottes Sicht müssten der Enthusiasmus und die glühende Verehrung Werthers einer sachlicheren Schilderung weichen. Die Spannung zwischen der Bindung an Albert und einer durchaus vorhandenen Zuneigung zu Werther wird Lotte diese Beziehung als ambivalent, wenn nicht gar unangenehm und bedrohlich erscheinen lassen. – Das könnte durch entsprechende Formulierungen und Bewertungen sichtbar gemacht werden.

3.2 Theodor Fontane: Effi Briest

►S. 33 **1** b *Schlüsselwörter:* liebenswürdig, Sehnsucht, Junggeselle, zu alt, Kokette, Zärtlichkeitsmensch, Karriere, Verführerisches, Don Juan/ Herzensbrecher

2 Das Thema des Gesprächs ist die Ehesituation, die Beziehung der Ehepartner und ihre unterschiedlichen Erwartungen aneinander. Durch die Geburt ihrer Tochter und den mehrwöchigen Aufenthalt bei ihren Eltern ist Effis Blick auf ihre Situation geschärft.

3 **Effi:** höflich, fordernd, selbstbewusst, provokativ, ironisch, kritisch-prüfend, redegewandt.
Innstetten: defensiv, abwartend, hinhaltend.
Crampas: unkonventionell, gleichzeitig galant und förmlich; annähernd.

4 **a** **Effi** erwartet von Innstetten mehr Aufmerksamkeit, höfliches Entgegenkommen, Liebenswürdigkeit. Gleichzeitig appelliert sie an seinen Sinn für Zärtlichkeit (Z. 43) und Liebe (Z. 44). Ihr Mann soll ihr „Sehnsucht" (= Verlangen) entgegenbringen. Dafür ist sie bereit, sich zu revanchieren (= seinem Verlangen nachzugeben).

b **Innstetten** erkennt das Verführerische und die Koketterie in Effi. Er ist überrascht von Effis Haltung, wünschte er sich Effi doch bisher eher als „Kind" (unselbstständig, gehorsam).

►S. 34 **5** Crampas spricht hier gar nicht. Sein Verhalten (er kommt „bis in nächste Nähe" [Z. 75], küsst Effis Hand) wird als Eindringen in den Intimbezirk des Ehepaares dargestellt – Innstetten sagt vieldeutig „geben Sie Rechenschaft von Ihrem Tun" (Z. 86) und nennt Crampas' Verhalten „unverantwortlich" (Z. 90). Crampas wird also durch sein Verhalten eingeführt – und damit schon hier als aktiver Eindringling in den Kreis der Eheleute charakterisiert.

6 **b** Nach einer knappen Exposition mit der Figurenkonstellation und thematisch-symbolischen Einleitung (Effi im Schaukelstuhl – Z. 1–11) folgt ein gelenkter Dialog (Effi als Gesprächsführerin – komplementäres Gespräch, Z. 12–69). Mit dem Stichwort „Don Juan und Herzensbrecher" (Z 68 f.) folgt geradezu der Auftritt Crampas'. Er leitet den dritten Teil ein, in dem Effi zurücktritt (sie schweigt): Innstetten leitet ein Gespräch mit Crampas ein, das dessen „intimes" (Z. 85) Eindringen als Galanterie und Unkonventionalität thematisiert (Z. 70–91) und mit der moralischen Bewertung „unverantwortlich" (Z. 90) in Verbindung bringt. – Das folgende Gespräch um Todesarten nimmt den Handlungsverlauf andeutend vorweg. – Im Rückblick wird Effi diese Begegnung als Beginn ihres Untergangs bezeichnen: „Das war der erste Tag; da fing es an." (Kap. 24)

7 „wenn du ein bisschen Sehnsucht ..., (Z. 18 f.): Doppelbedeutung Kind ist eigentlich Annie; aber (das zeigt Innstettens Verknüpfung Z. 48 f.) eigentlich ist Effi Innstettens „Kind".
„ein Zärtlichkeitsmensch ..., (Z. 42 f.): Widerspruch zwischen charakterlichen Möglichkeiten und sozial veranlasster Ausprägung. Ansehen geht innerer Entfaltung vor – darunter leidet Effi.
„Das ist ja, als ob es irgendein Don Juan oder Herzensbrecher gesprochen hätte ... Aber kommt da nicht Crampas? Und vom Strand her." (Z. 68 f.): Zusammenhang des Verführungsmotivs mit der Verführung durch Crampas;
„[...] Crampas bis in nächste Nähe ...": Innstetten selbst lädt Crampas ein, die „nächste Nähe" (Z. 75) noch zu überschreiten, „Da wird man [...] wenn Sie so wollen, intim." (Z. 84 f.): somit lädt Innstetten Crampas ein, die Grenze zur Verführung zu überschreiten und kommentiert (und kritisiert) abschließend auch sich: „Unverantwortlich", sagte Innstetten, halb ernst-, halb scherzhaft." (Z. 90): Funktion: Vorausdeutung (u. a. Rolle des Wassers) Wasser als Effis Unglückselement. Vorausdeutung auf Effis Untergang.

►S. 35 **10** **Hinweis zur inhaltlichen Ausarbeitung:** Während Effi Innstetten halb verhüllend andeutet, dass sie in ihrer Ehe die Aufmerksamkeit und Liebe ihres Ehemanns vermisst, und Crampas ihre Bereitschaft zu einer „Abwechslung" signalisiert, bedeutet für Lene die gegenwärtige Beziehung zu Botho ihr Glück. Eine gemeinsame Zukunft (in einer Ehe) sieht sie nicht. Dabei ist sie die dominante Figur; offen und hellsichtig benennt sie ihre Lage. Dass der Liebe keine Dauer beschieden sein kann, entwertet die Beziehung nicht. Sie erkennt ihre menschliche („du bist schwach") und gesellschaftliche Lage („die Verhältnisse") ohne Beschönigung und fügt sich in das Unvermeidliche. So kann sie die Gegenwart trotz aller Widrigkeiten genießen. – Mit Effi/Innstetten und Lene/Botho hat Fontane zwei völlig gegensätzliche Paare geschaffen, die beide letztendlich vor den normativen Kräften der Gesellschaft kapitulieren. Doch während Effi, Innstetten und Crampas geradezu tragisch scheitern, weil sie ihre Vorstellungen/Träume nicht durchsetzen können, begründet die kluge Selbstbeschränkung Lenes wenigstens das Glück des Augenblicks. – Effi übernimmt das erotische Rollenbild der Frau aus der männlichen Perspektive („Das ist für euch das Beste, was man sein kann." Z. 35 f.), während Lene illusionslos die herrschenden Kräfteverhältnisse beschreibt („Du wirst es müssen. ... Daran ist nichts zu ändern." Z. 5 f.). Beide lehnen sich nicht gegen die gegebenen Verhältnisse auf; doch ihre Anpassung erzwingt Verzicht und Verlust. Fontanes unterschwellige Kritik an den gesellschaftlichen Normen lässt beide Frauengestalten als wenig emanzipiert erscheinen.
Mit Blick auf die auch in der vorgeblich liberalen Gegenwart herrschenden Abhängigkeiten in Beziehungen kann die Lektüre der Fontane-Romane den Blick für das spannungsgeladene Verhältnis zwischen Individuum und Gesellschaft schärfen.

3.3 Joseph von Eichendorff: Aus dem Leben eines Taugenichts

►S. 37 **1** **a** **Möglicher Eindruck:** Die befürchtete Perspektivlosigkeit und mehr noch die Signale der belebten Natur reizen den Erzähler zum Aufbruch ins Unbestimmte, in die „Welt".

c Die Begegnung mit seiner von ferne verehrten „Schönen" hat den Taugenichts aufgewühlt. Er reflektiert seine Lage und spürt dabei seinen inneren Bedürfnissen nach. Die berufliche Zahlenwelt tritt ihm dabei bedrohlich belebt gegenüber. So nimmt er seinen gegenwärtigen Zustand als unbefriedigend, ja als Gefährdung wahr. Die Perspektivlosigkeit („Langeweile") wird ihm verstärkt bewusst durch die äußeren Signale der Natur (frische Luft, Krähen der Hähne, die wogenden Felder, das Singen der Vögel, die Grüße der Menschen, die Posthornsignale); der Aufbruch erscheint als verlockende innere Stimme (noch im irrealen Konjunktiv). Noch ist der Aufbruch nicht beschlossen – er wird aber im Zustand der inneren Verwirrung vorbereitet.

3 **b** „es war mir zu Mute . . . ." (Z. 2 f.): Wahrnehmung der eigenen Befindlichkeit: Unzufriedenheit, aber Vorahnung eines kommenden Glücks (Frühlingsvergleich); „ganz verwirrt wurde" (Z. 13): Die neue Einschätzung der bisher als angenehm empfundenen Lage bedeutet zunächst Unsicherheit, Irritation. Sie ist der produktive Zwischenzustand vor der Veränderung; „nicht bis drei zählen" (Z. 14): Verlust der bisherigen Sicherheit im Alltagshandeln deutet auch im Äußeren auf die Notwendigkeit der Veränderung des Lebens hin; „das Sitzen draußen ... wollte mir nicht mehr behagen" (Z. 25 f.): Bequemlichkeit ist Verlust der kreativen Empfänglichkeit für Neues; „die Nase wüchse mir vom Nichtstun" (Z. 34): (angedeutete) körperliche Symptome der Faulheit;

► S. 38 **4** Der Konjunktiv (Irrealis) zeigt, dass es sich bisher nur um eine gedachte/empfundene Alternative handelt (als ob); diese Spiegelung der Welt durch die reflektierten Sinneseindrücke ist typisch für die Romantik, die das Faktische subjektiv bricht und in einen Schwebezustand versetzt.

5 **a** Die Bilder zeigen: Die Welt verwandelt sich im Bewusstsein und nimmt so Einfluss auf den Erzähler. Dabei wird der Gegensatz von trockener Nützlichkeit (Rechnen) und kreativer Fantasie (in der die Dinge „auf den Kopf" (Z. 20) gestellt werden) deutlich. Die Ich-Erzählform betont allerdings die Subjektivität der Beobachtungen. Die Sinnhaftigkeit des Rechnens wird nicht grundsätzlich, aber aus der Sicht des Erzählers bestritten.

b Nicht die Einrichtung in der Welt (Sitzen, Schemel, Sonnenschirm) verhilft zu positivem Empfinden, sondern deren bewusste Wahrnehmung (Natursignale) als Aufforderung zu Veränderung und Aufbruch.

6 **a** Beide Absätze beginnen mit einem knappen Hauptsatz. Hieran schließt sich ein reich gegliedertes Satzgefüge mit Konjunktionen, Vergleichen und assoziativen Wahrnehmungen an.

b Erst werden dem Leser Fakten genannt „. . . hatte ich weder Ruh noch Rast" (Z. 1); „. . . das Sitzen ... wollte mir nicht mehr behagen" (Z. 25 f.). Die Gliedsätze unterstreichen diesen unruhigen Zustand des Taugenichts. Eichendorff vollzieht mithilfe des Satzbaus eine Beschreibung von innen nach außen.

► S. 39 **7** Mit dem scheinbar unmotivierten Aufbruch von der väterlichen Mühle thematisiert Eichendorff die Umbruchsituation der Romantik. Der mechanischen, als bedrohlich empfundenen Arbeitswelt setzt die romantische Titelfigur eine empfundene, aber auch in Gedanken und Träumen selbst konstruierte Welt entgegen. Sie formuliert traumartig die Hoffnung auf eine gelingende Verbindung von Freiheit und Glück in einem sinnerfüllten Leben.

9 Richter greift das zentrale romantische Motiv der Wanderschaft als Existenzform auf und setzt es geradezu sinnbildlich um: Freundschaft und Leben mit der Natur (in der ausgreifenden Geste des Wanderers), Freiheit (als Kontrast gestaltet: das Gefängnis des Bürgerlichen) und Sehnsucht nach Weite, Mittelalterbegeisterung (Burgenlandschaft). Alles ist in Bewegung und Harmonie. In der zeichnerischen Verbindung und Zuspitzung wird eine ironische Distanz sichtbar.

Alternativer Schreibauftrag:
Sollten Sie mit Eichendorffs „Taugenichts" gearbeitet haben, könnte in der Abiturklausur ein Vergleich mit dem Hesse-Text erfolgen. – Hesse thematisiert wie die Romantiker den Gegensatz zur Bürgerlichkeit und die Sehnsucht nach Grenzüberschreitung und Freiheit. Anders als im „Taugenichts" fehlen hier aber die heitere Gelassenheit und das Gottvertrauen. Stattdessen ist das Leiden an der eigenen Existenz (Schmerz, Begierde) in den Blick der psychologischen Selbstanalyse getreten.
Hermann Hesse, Der Steppenwolf (1927): Der Aufbruch eines alternden Menschen aus seiner vertrauten bürgerlichen Umgebung in eine neue Sinneserfahrung und ein Spiel mit doppelter Identität. Neben dem Beginn des eingefügten „Tractat vom Steppenwolf" eignet sich zum Vergleich mit Thematik, Motiven und Sprache bei Eichendorff die folgende Passage aus dem Beginn des Romans:
Es ist eine schöne Sache um die Zufriedenheit, um die Schmerzlosigkeit, um diese erträglichen geduckten Tage, wo weder Schmerz noch Lust zu schreien wagt, wo alles nur flüstert und auf Zehen schleicht. Nur steht es mit mir leider so, daß ich gerade diese Zufriedenheit gar nicht gut vertrage, daß sie mir nach kurzer Dauer unausstehlich verhaßt und ekelhaft wird und ich mich verzweiflungsvoll in andre Temperaturen flüchten muß, womöglich auf dem Wege der Lustgefühle, nötigenfalls aber auch auf dem Wege der Schmerzen. Wenn ich eine Weile ohne Lust und ohne Schmerz war und die laue fade Erträglichkeit sogenannter guter Tage geatmet habe, dann wird mir in meiner kindischen Seele so windig weh und elend, daß ich die verrostete Dankbarkeitsleier dem schläfrigen

Zufriedenheitsgott ins zufriedene Gesicht schmeiße und lieber einen recht teuflischen Schmerz in mir brennen fühle als diese bekömmliche Zimmertemperatur. Es brennt alsdann in mir eine wilde Begierde nach starken Gefühlen, nach Sensationen, eine Wut auf dies abgetönte, flache, normierte und sterilisierte Leben und eine rasende Lust, irgendetwas kaputtzuschlagen, etwa ein Warenhaus oder eine Kathedrale oder mich selbst, verwegene Dummheiten zu begehen, ein paar verehrten Götzen die Perücken abzureißen, ein paar rebellische Schulbuben mit der ersehnten Fahrkarte nach Hamburg auszurüsten, ein kleines Mädchen zu verführen oder einigen Vertretern der bürgerlichen Weltordnung das Gesicht ins Genick zu drehen. Denn dies haßte, verabscheute und verfluchte ich von allem doch am innigsten: diese Zufriedenheit, diese Gesundheit, Behaglichkeit, diesen bequemen Optimismus des Bürgers, diese fette gedeihliche Zucht des Mittelmäßigen, Normalen, Durchschnittlichen. R

3.4 Max Frisch: Homo faber

► S. 41 **1 a+b**

Die Zugfahrt nach Guatemala stellt sich als (letztlich scheiternder) Versuch („Unsinn", Z. 4) dar, mit der Technik die Natur zu durchdringen (zu besiegen). Die technischen Mittel (Zug, Bahnstrecke, Klimaanlage) wirken in ihrer Langsamkeit und Dürftigkeit (eingleisige Strecke, kaum wahrnehmbarer Bahnhof) dem uralten Dschungel („vorsintflutliches Farnkraut", Z. 59 f.) merkwürdig unterlegen. Klima, Vegetation, Tiere (die Reiher, der Büffel) stellen in ihrer übermächtigen Präsenz („wimmelte", Z. 60 f.) eine Bedrohung dar, lassen die zivilisatorischen Elemente wie vergängliche Eindringlinge erscheinen.

2 **a** **Gegenwart:** Die Zugfahrt und ihre Darstellung spiegeln die erlebte Gegenwart.
Zukunft: Die Frage nach Joachim drückt die Erwartung aus, obwohl das Scheitern dieser Reise („Unsinn", Z. 4) von vornherein angedeutet ist und auch in der Frage anklingt.
Vergangenheit: Die Frage nach der Vergangenheit wird kommunikativ nicht zu Ende geführt (wie so oft im Text; dieses Nichtwissen-Wollen Fabers ist als Motiv der Blindheit ein zentraler Aspekt des Romans). Es bleibt bei Ahnungen (die Faber ablehnt) und Träumen (deren Inhalt er überhaupt nicht mitteilt).
b Unbehagen, Unterlegenheit, Scheitern werden auf allen drei Zeitebenen angedeutet.

► S. 42 **3** **b** Charakteristisch für den Text ist der Wechsel von Beschreibung/Bericht und Dialog. Während die Beschreibung Beobachtung und Bewertung mischt, bleiben die Äußerungen bruchstückhaft und führen nicht zu wechselseitiger Kommunikation.

4 Die Fragen, die zur Klärung von Fabers Vergangenheit und seiner schicksalhaften Verstrickung dienen könnten, bleiben ohne Antwort (Funktion des Gedankenstrichs als Zeichen des Gedanken- und Satzabbruchs, z. B. auch in Z. 22, als Faber der Existenz seiner eignen Tochter auf der Spur ist. Stattdessen notiert der Erzähler technische Details (lange Reihungen von Beobachtungen, oft ohne Prädikat; auch Folgen von kurzen Hauptsätzen), die für die existenzielle Situation der Personen unwichtig sind.

5 Der Eindruck der Bedrohung durch die Natur überträgt sich geradezu körperlich auf Faber (Hitze, Schweiß). „Am Ende der Welt, mindestens am Ende der Zivilisation" (Z. 73 f.), ist Faber auch am Ende seiner Möglichkeiten als Ingenieur. Das weiß er, das spürt er, das sieht er. Sein Lachen am Ende der Textsequenz ist das nervöse Lachen eines Menschen, der sich in seiner Umgebung sichtlich unwohl fühlt. Aber auch die Konversation misslingt. Die Reise in die Vergangenheit (Gespräch mit Herbert über Hanna) führt zu keinem Ergebnis, bricht mitten im Satz ab. – Damit ist in der Wiedergabe des erzählenden Ich das zentrale Thema des Romans angeschlagen. Die Verlangsamung (Flugzeug, Zug) ist hier an einem ersten Endpunkt: Faber zu Fuß im Dschungel, in einer (ihn) abweisenden Zivilisationsferne.
Die „Schuld" Fabers, von der später die Rede ist, wird auch im Kommunikationsverhalten sichtbar – es bleibt oberflächlich, ohne wirkliches Interesse am Gegenstand und am Gesprächspartner. – Dieses Gesprächsmuster findet sich im Roman immer wieder.

6 **Kontext 1** zeigt das Gesprächsverhalten Fabers als Überbrückung der Langeweile, als Smalltalk „bloß um zu reden". Das, was gesagt wird, ist ohne Interesse für den anderen; erzählt wird in einer Art Übersprunghandlung, um von etwas anderem (der Angst vor dem Absturz) abzulenken. Das Gespräch dient nicht einem Erkenntniszweck, einem Austausch und verkommt so zum bloßen Gerede. Faber selbst spricht von einem „Vortrag" und Herbert hört nicht zu bzw. gibt keine Antwort. – Die Unsitte, andere am Ärmel zu ergreifen (die Faber selbst als solche erkennt), beherrscht als Motiv einer zwanghaft ungewollten Umklammerung den gesamten Roman – so hält Faber später Sabeth, aber auch Hanna.
Im **Kontext 2** wird motivisch ebenfalls ein Stillstand nach einem Versagen der Technik gezeigt, das Faber ebenso in technischen Details wiedergibt. Die unfreiwillige Lage nach der Notlandung überspielt der Captain mit einer englischen Aussage, als sei alles ordnungsgemäß abgelaufen. Faber greift in Palenque diese alberne Formulierung wörtlich auf und stellt sich so in eine Reihe mit dem an der Beherrschung der Technik gescheiterten Piloten.

3.5 Bernhard Schlink: Der Vorleser

►S. 45 **1** **Inhalt:** Suche nach Hanna (Sehnsucht, z. B. Z. 50) sowie eigener Lebensgeschichte, Bearbeitung des Verlustes
Gefühlswelt: Krankheitssymptomatik: ihm ist „schlecht"; er isoliert sich nach außen, befragt seine eigene Rolle („Strafe" als Folge eigener Schuld)

2 Z. 5–11: Rückschau: Mangel an Interesse aus Gewohnheit (Aspekt der Schuld)
Z. 12–41: „Recherche"; zum großen Teil als wörtlicher Dialog (Authentizität des Berichts)
Z. 42–66: Reaktionen (körperliche und seelische Symptome); Erklärungsversuche; Bewusstsein eines Wendepunkts (aus Sicht des erlebenden bzw. des erzählenden Ichs)

3 **a** *Das aktuelle (berichtete) Geschehen:* erst jetzt, heute Morgen; Tage später; tagelang. Die dauerhafte Grundbefindlichkeit: wie sonst; wieder; in den ersten Monaten; irgendwann; die Halbherzigkeit der letzten Monate; manchmal.
Das berichtete Ereignis durchbricht und verändert die „chronische" Befindlichkeit: „In einer kleinen Situation bündelte sich für mich die Halbherzigkeit der letzten Monate." (Z. 52–54).
b Die epische Distanz wird auch sichtbar darin, dass der Erzähler rückblickend seine damalige Erfahrung befragt und in Frage stellt. Die Befragung und Beruhigung des eigenen Gewissens durch das erlebende Ich wird (durch die Fragen nach Art des inneren Monologs) zugleich vermittelt (Identifikationsansatz) und kritisiert („versuchte ich, mir einzureden" → Kritik). So vermittelt der Text einen eigentümlichen Schwebezustand: Einerseits versteht der Leser den Helden (als erlebendes Ich), andererseits sieht er ihn kritisch (mit dem erzählenden Ich).
►S. 46 **c** Z. 20–37: Dialogwiedergabe; Z. 38–41: Erzählerbericht (Ereignisse); Z. 42–56: Erzählerbericht (Reflexion, Innensicht)

4 **a** Der Erzähler ermöglicht gleichzeitig Einfühlung (durch die neutrale Wiedergabe des Geschehens) und Kritik; er billigt sein früheres Verhalten nicht, aber er beschreibt es und will es verständlich machen.
b Die Widersprüchlichkeit ist der Wahrheit angemessen. Sie spiegelt das Wesen der Personen.
c Der Leser soll die Widersprüchlichkeit des Erzählers nachvollziehen. An Stelle eindeutiger Wertungen bleiben Verstehen und Verurteilen (auch gegenüber Hanna) in der Schwebe.

5 **a** Körperliche Symptome: Unwohlsein; Erbrechen; körperliche Sehnsucht (= Verlangen); seelische Symptome: Sehnsucht; Schuldgefühle; Empfindung von Bestrafung; sozialer Rückzug.
b Das körperliche und seelische Leiden ist eine Reaktion auf die Schuldgefühle des Erzählers. Bewusst oder unbewusst bestraft er sich selbst.
c Er deutet ihr Verhalten als Strafe, interpretiert ihre Abwesenheit als Liebesentzug.

6 Z. 38 f.: „Erst Tage später habe ich daran gedacht, zum Einwohnermeldeamt zu gehen"; Z. 47 f.: „Dort verbrachte ich die Nachmittage an einer abgelegenen Stelle, wo mich niemand suchte."; Z. 51 f.: „Warum war ich, als sie da stand, nicht sofort aufgesprungen und zu ihr gelaufen!"; Z. 53 ff. „... bündelte sich für mich die Halbherzigkeit der letzten Monate, aus der heraus ich sie verleugnet, verraten hatte."; Z. 64: „Aber ich wußte, daß sie es war."

►S. 47 **7** **a** Die Tatsache, dass Hanna wegen ihres Analphabetismus flieht, entlastet den Erzähler objektiv nicht von Schuld. Allerdings ist nun offen, ob Hanna ihn tatsächlich für sein Fehlverhalten strafen wollte oder ob sie sich nicht vielmehr einer für sie existenziell bedrohlichen Situation entziehen wollte: der Entdeckung ihres Analphabetismus.
b Das Verhalten des Erzählers zeigt, dass er zum gegebenen Zeitpunkt kein angemessenes Verständnis für das Seelenleben seiner Geliebten entwickelt hatte, sondern die Situation recht egozentrisch beurteilte. Dieses Verhalten kann angesichts seines Alters während der erzählten Zeit als typisch pubertär bezeichnet werden.

4 Übungen Film

4.1 Grundlagen der Filmanalyse

►S. 48 **1** **a** **Schnitt/Montage:** erzählende Montage / unsichtbarer Schnitt; Parallelmontage; Assoziationsmontage; Kontrastmontage; Analogmontage; Rhythmus der Bilder. **Kameraperspektive:** Untersicht; Normalsicht; Aufsicht; Handlungsachse; Kameraachse. **Einstellungsgröße:** Halbtotale; Nah; Detail; Amerikanisch; Groß; Totale. **Mise en scène (Bildgestaltung):** Farben; Symmetrie/ Asymmetrie; Beleuchtung; Schärfegrad; statischer / dynamischer Bildaufbau. **Kamerabewegung:** Kameraschwenk; Kamerafahrt; Zoom; Handkamera / subjektive Kamera. **Ton:** Geräusche; Dialog; Musik.

4.2 Spielfilmanalyse: Lola rennt (1998, Regie: Tom Tykwer)

►S. 49 **1** **a** Zunächst sieht man das dunkel-goldene Pendel einer Uhr, ein stilisiertes metallenes Gesicht, in Normalsicht vor schwarzem Hintergrund. Hierauf folgt ein Schwenk der Kamera nach oben, um in Untersicht zunächst die Schnur, an der das Pendel hängt, und dann das Ziffernblatt der Uhr zu zeigen. Bei genauer Betrachtung erkennt man, dass die Zeiger offensichtlich extrem schnell rotieren (da sehr unterschiedliche Uhrzeiten angezeigt werden). Die Kamera fährt näher heran und gleichzeitig nach oben, bis sie die über dem Ziffernblatt angebrachte wiederum stilisierte Fratze in Normalsicht zeigt. Deren Maul öffnet sich und die Kamerabewegung mündet in einer Fahrt auf dieses Maul zu.

b **(Potenzielle) Bedeutung:** Die Uhr steht für das die Handlung des Films bestimmende Thema „Zeit"; das schnelle Drehen der Zeiger für die diese Handlung bestimmende Hektik. Die Fratze drückt die Gefahr aus, in der sich Lola und Manni befinden, und die Bedrohung, die ihre Handlungen bestimmt. **Wirkung:** Es dominieren in diesem Bild dunkle Farben, die eine geheimnisvolle, bedrohliche Atmosphäre erzeugen; dasselbe gilt für die stilisierten Gesichter. In der Untersicht wird die Wirkung der Uhr und der unnatürlich schnell vergehenden Zeit noch stärker und bedrohlicher. Die Fahrt mit der Kamera in den Rachen des Ungeheuers zieht den Zuschauer mit sich, in den nun folgenden Film hinein.

2 Von Bedeutung ist hier zum einen die Mise en scène: Das sparsame Licht und die dunklen Farben erzeugen eine geheimnisvolle und bedrohliche Atmosphäre. Der Zuschauer assoziiert damit Spannung und rätselhafte Geschehnisse. Die stilisierten Gesichter deuten das Thema einer Grauen erregenden, existenziellen Bedrohung an. Es könnte sich z. B. um einen Thriller handeln.

3 **Bild 1**; *Kameraperspektive:* Weite Einstellung in leichter Untersicht schräg auf die Fassade der Bank; *Wirkung:* Scharfer Kontrast zwischen dem einschüchternd wirkenden Gebäude und der kleinen Figur Lolas; die leichte Untersicht verstärkt noch den Eindruck von bedrückender Größe; *Bildaufbau:* Fenster und Säulen bilden vertikale Linien, diagonale zentrale Perspektive; *Wirkung:* Größe des Gebäudes wird in der vertikalen wie in seiner waagerechten Ausdehnung betont; Lola bewegt sich gegen die die Bildkomposition bestimmenden diagonalen Linien, sie wirkt als „Gegnerin" der riesigen Bank. **Bild 2**; *Kameraperspektive:* Totale in Aufsicht auf den Eingang; *Wirkung:* Die beiden Figuren erscheinen klein im Kontrast zu dem großen Eingang; *Bildaufbau:* Lola kommt mit dem Wachmann aus dem riesigen schwarzen Loch des Bankeingangs. Die Bildstruktur wird bestimmt vom Muster der quadratischen Steine des Mauerwerks und des Pflasters; *Wirkung:* Die Bank erscheint als alles verzehrender Moloch (vgl. Uhr im Vorspann); Lola wirkt verloren in dieser streng geometrisch geordneten Welt. **Bild 3**; *Kameraperspektive:* Weite Einstellung in leichter Aufsicht auf den Eingang mit Polizisten im Vordergrund; *Wirkung:* Lola wirkt wiederum winzig im Kontrast zu den Polizisten; Zuschauer nimmt deren Perspektive ein; die angelegten Waffen erscheinen übertrieben angesichts der kleinen Figur; *Bildaufbau:* Lola im Bildzentrum und als Ziel der von den Polizeipistolen angedeuteten diagonalen Linien wirkt winzig; *Wirkung:* Diskrepanz zwischen dem Aufwand des Polizeieinsatzes und seinem klein und schwach erscheinenden Ziel.

►S. 51 **4** **a** Die Farbe Rot verbindet als Leitmotiv die verschiedenen Szenen des Films – vor allem und am offensichtlichsten in Lolas grell rot gefärbtem Haar: Sie ist die Protagonistin, der der Zuschauer in fast allen Szenen folgt.

b Rot als Symbol für ... **Liebe**: erotische Liebe: Liebesnacht mit Manni in rotem Licht, Telefon (mit rotem Herz daneben) als Symbol der Kommunikation mit Manni, dem sie helfen will; **Gefahr:** Ampel als Signal für das (in Lolas und Mannis Situation tödlich-bedrohliche) Anhalten von Bewegung / das Aufhalten ihres Laufs; **Hilfe:** Der Radfahrer bietet ihr Hilfe an (sie soll sein Rad kaufen, das ihre Fortbewegung beschleunigen würde).

c Die Farbe Rot verbindet als Leitmotiv die verschiedenen Szenen des Films – vor allem und am offensichtlichsten in Lolas grell rot gefärbtem Haar: Sie ist die Protagonistin, der der Zuschauer in fast allen Szenen folgt. Außerdem hat die Farbe Rot aber auch mehrere symbolische Bedeutungen, die sich ergänzen: Rot als Farbe der Liebe bezeichnet Lola selbst (durch ihre Haarfarbe), die Manni liebt und alles für ihn tun würde. Das Instrument ihrer Kommunikation ist ein rotes Telefon. In einer der wenigen ruhigen Szenen steht die rote Beleuchtung für die erotische Liebe einer gemeinsamen Nacht. Daneben fungiert Rot als Symbol für Gefahr – so zum Beispiel im roten Licht der Ampel, das jede Bewegung aufzuhalten und damit Lolas Bemühen um Mannis Rettung zu unterlaufen droht. Symbolisch gesehen wäre ein Stillstand also auch das Ende ihrer Liebe. Gleichzeitig symbolisieren das rote Telefon und der Radfahrer im roten Trikot auch Hilfen für Lola, die gleichwohl nicht immer verlässlich sind und somit wieder die Nähe zur Gefahr verdeutlichen.

►S. 52 **5** **b** Die gewählte Bildfolge lässt den Zuschauer vermuten, dass Manni den Ort der Handlung verlässt und der Obdachlose allein zurückbleibt. Sein umherschweifender Blick lässt vermuten, dass er prüft, ob er beobachtet wurde, und gleichzeitig überlegt, ob und wo er die neu erworbene Waffe einsetzen kann.

6 a *Lola rennt* enthält einerseits viele Elemente der Gattung Thriller: Eine kriminelle Handlung im Zentrum des Plots, einen romantischen Hintergrund in der Liebe der Protagonisten, die aktionsreiche Handlung, in der Dialoge, wenn sie vorkommen, dramatisch und hektisch verlaufen, das Element des existenziell bedrohlichen Zeitdrucks und vor allem natürlich die Spannung, ob die Protagonisten ihr Ziel erreichen werden. Andererseits unterläuft der Film die Zuschauererwartung gerade im Spiel mit dem letztgenannten Element, indem er verschiedene Varianten des Handlungsverlaufs und -ausgangs anbietet, die gleichberechtigt nebeneinanderstehen. Anders als im konventionellen Thriller muss der Zuschauer so die Möglichkeiten sowohl eines positiven als auch eines negativen Ausgangs akzeptieren und wird so angeregt, seine eigenen Erwartungen und Sehgewohnheiten zu reflektieren. Diese Handlungsvarianten erzeugen zusammen mit der auffälligen Farbsymbolik, den eingefügten Comicstrips und den immer wieder herausgestellten Auswirkungen zufälliger geringfügiger Ereignisse auf den Handlungsverlauf einen Gesamteindruck von Stilisierung und Verfremdung, der die im konventionellen Thriller angestrebte Identifikation mit den Protagonisten unterläuft und die Realitätsillusion bricht.

4.3 Literaturverfilmung: Homo faber (1991, Regie: Volker Schlöndorff)

►S. 53 1 b „… Unsere Maschine war, wie üblich auf dieser Strecke, eine Super-Constellation“ (Z. 3 f.); „…was mich nervös machte“ (Z. 8 f.); „… einzig und allein diese Vibration in der stehenden Maschine mit laufenden Motoren – dazu der junge Deutsche neben mir, der mir sogleich auffiel, ich weiß nicht, wieso, er fiel auf, – … (Z. 13–16); „Seinen Namen hatte ich überhört, …“ (Z. 22).

c

„was mich nervös machte“ (Z. 8)		Seine Nervosität wird bereits hier zu Beginn erwähnt und dann ausführlich zu begründen versucht.
„einzig und allein diese Vibration in der stehenden Maschine mit laufenden Motoren“ (Z. 13)	Nervosität nicht logisch begründbar	Obwohl er (s. o.) ein erfahrener Fluggast und technisch interessiert zu sein scheint, bringt ihn das eigentlich normale Motorengeräusch aus der Ruhe.
„der junge Deutsche neben mir, der mir sogleich auffiel, ich weiß nicht wieso, er fiel auf“ (Z. 15–20)	überempfindlich für Eindrücke / seine Umgebung	Wiederum bringt ihn ein eigentlich unauffälliger Aspekt seiner Umgebung aus der Ruhe, was er sich nicht erklären kann.
„Seinen Namen hatte ich überhört“ (Z. 22 f.)	unaufmerksam, nicht an Kontakt interessiert	Er fragt nicht nach, sucht demnach kein Gespräch mit dem Mann.

►S. 54 2 b Man sieht in Schwarz-Weiß (mit einem sepia-braunen Filter) eine Straßenszene, die (so lassen Autos und Kleidung vermuten) in den 40er- oder 50er-Jahren spielt. Ein Auto hält, die Türen öffnen sich. Eine Frau und ein Mann, beide dunkle Sonnenbrillen tragend, gehen nebeneinander auf die Kamera zu. Der Mann trägt einen Koffer. Sie wenden sich einander zu. Die Frau nimmt die Sonnenbrille ab, der Mann wendet sich ab. Dann umarmen sich beide. Die Frau bleibt zurück; der Mann geht in eine Wartehalle. Eine Schriftzeile identifiziert Ort und Zeit (Athen 1957). Die Wartenden verlassen die Halle, der Mann bleibt zurück; im Hintergrund weht ein weißer Vorhang ins Bild. Es folgt ein Schnitt, derselbe Mann geht (laut Textzeile zwei Monate früher) durch eine andere Wartehalle in Caracas. Diese Szene wird nun in Farbe gezeigt.

3 **Kameraeinstellung:** Establishing shot: Totale; dann Mann und Frau in amerikanischer Einstellung; Umarmung und zurückbleibende Frau in Nahaufnahme; Wartehalle in einer Totalen, Mann in Großaufnahme, Mann in zweiter Wartehalle in Halbnah;
Bildaufbau: Erste Szene: Bild symmetrisch geteilt durch Gegenüber von Mann und Frau, die alleine in ihrer Bildhälfte zurückbleibt; weißer Vorhang verbindet das Bild der hinausgehenden Menschen mit dem Mann in Großaufnahme; dieses Bild symmetrisch aufgeteilt in Hell (Vorhang) und Dunkel (rechte Seite), der Mann dazwischen in der Mitte; letztes Bild: Mann im Zentrum;
Licht: Gleißendes Außenlicht kontrastiert mit dunklerer Wartehalle; scharfer Hell-Dunkel-Kontrast in der Großaufnahme (s.o.);
Symbole: Sonnenbrillen: drücken Distanz zwischen den beiden aus, Frau nimmt sie ab: Will sie Kontakt (?); in der Großaufnahme lässt die schwarze Brille den Mann abweisend oder wie einen Blinden aussehen; Vorhang: Symbolisiert den Einbruch des Außen ins Innere des Gebäudes/des Lichts ins Dunkle.

►S. 55 4 **Roman:** nur eine Figur: der Protagonist; wirkt nervös und überempfindlich; Plot beginnt mit einem Abschied; Mann (Erzähler) erscheint isoliert, will kein Gespräch; Erzähler wirkt überempfindlich; Schneetreiben auf der Startbahn symbolisiert das Außen.
Verfilmung: zwei Figuren: Mann und Frau; Mann wirkt kühl und abweisend; Plot beginnt mit einem routinemäßigen Flug; Mann wendet sich von der Frau ab, grenzt sich von der Umwelt durch schwarze Brille ab; Sonnenbrille lässt ihn wie einen Blinden wirken; Vorhang als Symbol für den Einbruch des Außen.

►S. 55 **5** **a** Minuten lang; weiß wie Wachs, mein Gesicht; scheußlich wie eine Leiche; Ich wusste nicht, was los war; Meine Hände schwitzten; Als ich wieder zu mir kam [...]

c *Die Figur wirkt auf den Betrachter* unsicher. *Dies wird symbolhaft verdeutlicht, indem sie* sich im Spiegel betrachtet, um sich ihrer äußeren Erscheinung, vielleicht sogar ihrer Identität zu versichern. Gezeigt wird dies in der Halbtotalen, sodass der Zuschauer das Gegenüber von Figur und Spiegelbild gut erkennen kann. Der im Bildzentrum stehende Mann wendet dann den Blick ab von seinem Spiegelbild, er scheint unzufrieden mit dem, was er sieht. Die nächste Einstellung ist eine Großaufnahme: Er lehnt sich gegen eine Toilettentür. Nun gibt es kein Gegenüber; in einer resignierten oder verzweifelten Geste lässt er die Stirn gegen die Tür sinken.

6 ***Hinweise:*** Die Beschreibung im Roman konzentriert sich auf die körperliche Selbstwahrnehmung des Erzählers, der an sich krankhafte Symptome (fahle Gesichtsfarbe, schwitzende Hände) wahrnimmt. Er wirkt unruhig und geschwächt. In der Filmszene hingegen sehen wir die Selbstbetrachtung des Protagonisten von außen, ohne seine eigenen Wahrnehmungen zu kennen. Der Blick in den Spiegel als Metapher für die Suche nach der eigenen Identität und das Bemühen um Selbstvergewisserung steht im Zentrum. Das Umwenden des Mannes gegen die Tür deutet an, dass dieses Bemühen ihm vergeblich schien. Er wirkt eher bedrückt oder gar verzweifelt.

5 Übungen: Drama

5.1 Gotthold Ephraim Lessing: Emilia Galotti (1772)

►S. 59 **1** Der Prinz erfährt, dass noch für denselben Tag die Hochzeit der Emilia Galotti geplant ist, und gibt seinem Kammerherrn Marinelli freie Hand, damit dieser die Eheschließung verhindert.

2 **Auftretende Personen:** Prinz, Marinelli; **Genannte Personen:** Gräfin Orsina, Prinzessin von Massa, Emilia Galotti, ihr Verlobter Graf Appiani; **Beziehungen:** Prinz – Marinelli: Herr und Diener, auch Vertrauter; Prinz – Orsina: bisherige Geliebte; O. möchte die Beziehung aufrechterhalten, der Prinz ist ihrer überdrüssig; Marinelli – Orsina: M. ist wider Willen O.s Vertrauter; Prinzessin von Massa: Verlobte des Prinzen; Verbindung rein politisch; Emilia Galotti: Der Prinz hat sich heftig in sie verliebt, sie ist aber verlobt mit dem Grafen Appiani.

►S. 60 **3** Der Prinz ist in Emilia verliebt und erfährt nun, dass sie nicht mehr frei ist.

4 **Prinz:** Stichworte am Rand etwa: hoffnungslos, verzweifelt (Z. 25, 43), hilflos (Z. 77 f.); Bewertung der Lage: Keine Hoffnung auf Erfüllung seiner Begierde; Reaktion: überlässt M. völlig freie Hand (Z. 115)
Marinelli: Stichworte am Rand etwa: kühl berechnend (Z. 86 f., 116 ff.), amoralisch, skrupellos (Z. 73 ff.), sieht noch Hoffnung (zu Z. 69); Bewertung der Lage: kein großes Problem (Z. 102; Z. 111), denn die Ehe ist noch nicht geschlossen, außerdem kann der Prinz seine Macht ausspielen (Z. 102 ff., 116); Reaktion: Erbittet Vollmacht und schmiedet offensichtlich bereits Pläne (Z. 111 f.)

5 Die Ehe ist eine rein pragmatische, nämlich politische Angelegenheit (Z. 25 ff.); sie hat mit Liebe nichts zu tun. Daher ist es durchaus üblich, neben der Ehefrau noch eine Geliebte zu haben (Z. 33). Darüber hinaus spielt auch Treue keine Rolle (Z. 36).

►S. 61 **6** Der Prinz hat sich heftig in Emilia Galotti verliebt, sieht aber seinen Wunsch, sie für sich zu gewinnen, durch deren unmittelbar bevorstehende Eheschließung gefährdet. In seiner Hilflosigkeit überlässt er es seinem Kammerherrn Marinelli, eine Lösung zu finden – gleichgültig, auf welche Weise. Marinelli ist kühl berechnend und völlig skrupellos. Wie es den Vorstellungen von Liebe und Ehe bei Hofe und den Gepflogenheiten des absolutistischen Herrschers entspricht, sieht er in einer Eheschließung Emilias keinerlei Gefahr für die Wünsche seines Herrn, sondern höchstens in den Plänen des jungen Paares, das Land zu verlassen. Aber er scheint schon einen Plan im Kopf zu haben und erbittet sich von dem Prinzen freie Hand für seine Umsetzung.

7 Gerade die Bitte um Vollmacht lässt ahnen, dass Marinelli auch vor fragwürdigen Mitteln nicht zurückschrecken wird. Verstärkt wird diese Vermutung durch seinen Hinweis auf die Machtfülle des Prinzen (Z. 106). So muss man am Ende dieser Szene das Schlimmste für Emilia und ihren Verlobten befürchten. Der erste Schritt ist die bereits angekündigte „Entfernung" des Verlobten am Tag seiner geplanten Hochzeit (Z. 124 f.); sie macht bereits deutlich, dass Marinelli auf die berechtigten und aus unserer Sicht völlig selbstverständlichen persönlichen Interessen keinerlei Rücksicht nehmen wird: Vielmehr wird er den Wunsch seines Herrn rücksichtslos durchzusetzen und dessen „absolute" Macht bedenkenlos zu nutzen versuchen.

8 Die gesellschaftlichen Verhältnisse, die in dieser Szene deutlich werden, sind von der Willkür des Herrschers geprägt, der die Untertanen ausgeliefert sind. Nicht nur aus unserer heutigen Sicht, sondern auch schon aus der der Zeitgenossen, die die Ideen der Aufklärung vertraten, ist es sehr befremdlich und erschreckend, mit welcher Selbstverständlichkeit der absolutistisch denkende Adel sich über die Vorstellungen von Recht und Moral hinwegsetzte.

9 **a** Auch in Deutschland war ein in fragwürdiger Weise absolutistisches Gebaren des herrschenden Adels zu dieser Zeit noch die Regel. Möglicherweise scheute Lessing die unmittelbare politische Provokation, die darin gelegen hätte, die Handlung des Dramas in Deutschland spielen zu lassen. Eine Verlagerung ins Ausland nahm dem Stück diese unmittelbare Spitze, ohne die grundsätzliche Anklage eines Verhaltens, wie es der Prinz und Marinelli zeigen, abzuschwächen.

b Die Szenen haben eine ähnliche Funktion für die Entwicklung des dramatischen Geschehens: In beiden Fällen wird hier der Konfliktgrund gelegt, der das jeweilige Schauspiel bestimmen wird: In der „Emilia" ist es der Konflikt zwischen dem Recht der Titelheldin auf Selbstbestimmung und der egoistischen Rücksichtslosigkeit des absolutistischen Fürsten; im „Galilei" der zwischen dem Wissenschaftler, der die Wahrheit auf seiner Seite hat, und den bornierten etablierten Gelehrten, die den Großherzog auf ihrer Seite haben. In beiden Fällen geht es also auch um einen Kampf (des Rechtes/der Wahrheit) gegen Vertreter der Macht.

5.2 Johann Wolfgang Goethe: Faust. Der Tragödie erster Teil (1808)

►S. 64 **1** Faust ist durch den Eindruck, den Gretchens Zimmer auf ihn macht, tief bewegt und befindet sich in einer geradezu ehrfürchtigen Stimmung.

2 **a** Werte und Tugenden: Stille – Ordnung – Zufriedenheit – (seelische) Fülle (Z. 11 ff.) – Reinlichkeit (Z. 18) – (moralische) Reinheit (Z. 30)

b Das zentrale semantische Feld stammt aus dem Bereich der Religion. Die zentralen Begriffe sind: Heiligtum (Z. 8) – Seligkeit (Z. 14) – göttergleich (Z. 20) – Himmelreich (Z. 21) – Engel (Z. 27) – heilig (Z. 30) – Götterbild (Z. 31).

3 Die Atmosphäre des Zimmers wirkt auf Faust wie eine moralische Reinigung.

4 Mephisto spielt die Rolle des Verführers: Er hält fest an Fausts ursprünglicher Intention, Gretchen in einem platten, sexuellen Sinn für sich zu gewinnen („das süße junge Kind / nach Herzens Wunsch und Will zu wenden"; Z. 67 f.). Dazu passt auch, dass das ‚Objekt der Begierde' für ihn austauschbar ist und das Ganze ein Spiel: „Zwar Kind ist Kind und Spiel ist Spiel." (Z. 56)

►S. 65 **5** Fausts eigene Haltung gegenüber Gretchen hat sich grundlegend geändert. Straße: – Zuerst hatte er in ihr nur das junge Mädchen gesehen, das Gegenstand seiner sexuellen Begierde war. Zimmer: – Nun empfindet er Ehrfurcht vor der sittlichen Reinheit, die er in dem Zimmer spürt, und seine Haltung wandelt sich vom „Genießen-Wollen" zum „Liebestraum" (Z. 39).

7 **a** Faust fühlt sich durch das Zeichen des Makrokosmus über das gewöhnliche menschliche Maß emporgehoben („Bin ich ein Gott?", Z. 10) und dem Ziel seines Erkenntnisstrebens nahe (s. besonders Z. 12)

b Das zentrale semantische Feld gehört auch hier zum Bereich der Religion: heil'ges (Z. 3) – Gott (Z. 5, 10) – Geisterwelt (Z. 14) – Himmelskräfte (Z. 21) – segenduftenden (Z. 23) – Himmel (Z. 24). Es wird eine Opposition zwischen „irdisch" und „Morgenrot" (Z. 17) aufgebaut. Berücksichtigt man in diesem Zusammenhang noch die pantheistische Überzeugung des jungen Goethe, der zufolge Gott und die Natur eins sind, gehören auch folgende Stellen in diesen Bereich: Kräfte der Natur (Z. 9) – wirkende Natur (Z. 12), schließlich die Vorstellung der Ganzheit (Z. 19) und des gegenseitigen Durchdringens (Z. 24).
Gerade das untersuchte semantische Feld macht die Verzahnung deutlich: Faust zeigt sich in beiden Szenen empfänglich für das Göttliche, sein Streben ist immer auch Streben nach dem Göttlichen oder es wird zu einem solchen. In beiden Fällen wirkt die Begegnung mit Göttlichem veredelnd auf ihn: Sie stillt „das innre Toben" (Z. 6 und S. 63 Z. 33 f.).

5.3 Georg Büchner: Woyzeck (1879)

►S. 67 **1** Die Szene stellt eine Vorlesung dar.

2 Mögliche zusätzliche Regieanweisung: Woyzeck kommt hinzu.

►S. 68 **3** Doktor: Dozent und Experimentator; Studenten: Zuhörer; Woyzeck: Versuchs- und Demonstrationsobjekt

4 **a** Das erklärte Ziel des Doktors ist die Untersuchung der wichtigen philosophischen Frage über das Verhältnis des Subjekts, in dem Gott Gestalt angenommen hat, und des Objekts in seiner umfassenden, nämlich kosmischen Gestalt.
Sprachlich fällt auf, dass lateinische Begriffe („centrum gravitationis") oder allgemeine (philosophische) Fachbegriffe („Selbstaffirmation") sowie Fremdwörter („manifestiert") verwendet werden.
Er will sein Ziel erreichen, indem er eine Katze aus dem Fenster wirft und ihr Verhalten beobachtet.

Setzt man Sprache und Verhalten in eine Beziehung zueinander, fällt auf, dass es ein groteskes Missverhältnis zwischen hohem philosophisch-wissenschaftlichem Anspruch und banalem „Experiment" mit der Katze gibt.

►S. 69 **b** Der Doktor behandelt Woyzeck nicht als Menschen, sondern sieht in ihm nur das Versuchsobjekt. [Er brüllt ihn an (Z. 14) und geht nicht auf seine gesundheitlichen Probleme (das Zittern, Z. 18) ein, sondern ist darüber „ganz erfreut" und „Reibt sich die Hände" (Z. 19), weil er in diesem Zittern die Auswirkung seiner Erbsendiät sieht, die er untersuchen will.] Diese Herabwürdigung Woyzecks zum Objekt steigert sich, als der Doktor ihn von seinen Studenten betasten lässt (Z. 36), und gipfelt in der mit einer Beschimpfung („Bestie", Z. 41) erzwungenen Vorführung seiner Fähigkeit, mit den Ohren zu wackeln. Die „Erklärungen" des Doktors tun ein Übriges, indem sie W. in die Nähe eines Tieres rücken („Bestie", Z. 41; „Übergänge zum Esel", Z. 43) und auch seine Mutter in die abfälligen Äußerungen einbeziehen (Z. 45).

Das Verhalten des Doktors verstößt in eklatanter Weise nicht nur allgemein gegen die Gebote der Menschlichkeit, sondern im Besonderen auch gegen das Berufsethos des Arztes, dessen Maßnahmen nach dem *Hippokratischen Eid* ausschließlich dem Wohl („Nutzen") des Kranken dienen dürfen, wobei ausdrücklich „diätetische Maßnahmen" einbezogen werden und jede „Schädigung" verurteilt wird.

5 Woyzeck ist hilflos und wortkarg. Er klagt dem Doktor seine gesundheitlichen Probleme (Z. [10]), wahrscheinlich in der Hoffnung auf Hilfe (von den Studenten), ist ihm aber völlig ausgeliefert. Sein geringer Gesprächsanteil signalisiert ebenfalls seine Unterlegenheit. Auch die Studenten existieren nur als wortlose Zuhörerschaft; Protest gegen die Behandlung Woyzecks regt sich nicht.

7 Die Figur des Doktors im „Woyzeck" ist eine böse Satire auf den Wissenschaftsbetrieb der Zeit. Diese Wissenschaft dient nicht dem Menschen, sondern der Mensch dient der Wissenschaft und der Ruhmsucht der Wissenschaftler. Damit variiert Büchner sein Grundthema: die Ausbeutung und Instrumentalisierung des kleinen Mannes, dessen Menschenrechte und Menschenwürde mit Füßen getreten werden.

5.4 Bertolt Brecht: Leben des Galilei (1956)

►S. 72 **1** **a** Streitfrage: Gilt auch in der Astronomie immer noch die Autorität des Aristoteles oder soll man der Beobachtung trauen, die zu einem anderen Ergebnis kommt?

b **Position Galileis:** „Man muss seinen Augen trauen". Die Ansicht des Aristoteles ist durch Beobachtung („empirisch") widerlegt.
Position des Philosophen und des Mathematikers: Die Ansicht des „göttlichen" Aristoteles darf nicht in Frage gestellt werden, er ist die höchste Autorität.

2 **Argumente zu Position 1:** Galilei: Das geozentrische Weltbild führt z. T. zu falschen Berechnungen (Z. 9 f.) bzw. kann manches nicht erklären (Z. 11 f.). Vor allem aber ist es durch die Beobachtung widerlegt (Z. 20 f.; 39, 58 f.; 71 ff.). Dies alles sind Faktenargumente.

Argumente zu Position 2: Philosoph und Mathematiker berufen sich auf die „Alten" (Z. 35 f.), besonders auf den „göttlichen Aristoteles" (Z. 44, 60, 107), und die Schulbücher (Z. 101). Sie verwenden damit v. a. Autoritätsargumente. Auf dieser Grundlage ziehen sie logische Schlussfolgerungen (Z. 27 f., 95 ff.), ohne aber die Grundlage (und damit die Prämissen", d. h. die Voraussetzungen) zu hinterfragen oder zu überprüfen. So kommt es zu der paradoxen Frage nach der Notwendigkeit der von Galilei beobachteten Sterne (Z. 44 f.).

Tatsache: „Tatsache" ist für **Galilei** das, was man empirisch (durch Beobachtung) nachweisen kann; ausschließlich die Beobachtung kann nach seiner Überzeugung die Gründe für eine Theorie liefern. **Philosoph und Mathematiker** sprechen ebenfalls von „Tatsachen" (Z. 94 ff.), meinen aber damit die überkommene Auffassung von der Gestalt des Weltalls. Die Absolutsetzung des Aristoteles als wissenschaftliche Autorität enthält ebenso wie der Hinweis auf die „hohen" Kirchenväter ein Wertargument.

►S. 73 **3** Das Gespräch verläuft zunächst höflich, aber auch sehr förmlich. Ein kleiner Misston kommt auf, als Galilei darum bittet, weiter in der Umgangssprache zu diskutieren, was ihm der Philosoph nur mit Verweis auf sein Recht als Hausherr zugesteht(Z. 58). Zunehmend wird der Ton des Philosophen und des Mathematikers herablassender und gipfelt im Protest gegen die vermeintliche Verunglimpfung des Aristoteles (Schluss). – Einen Einschnitt stellt in gewisser Weise auch das Verhalten Andreas dar (*Regieanweisung:* Plötzlich wendet sich Andrea um und geht steif ab durch den ganzen Raum [Z. 86 f.] . . . . Er reißt sich los und läuft weg [Z. 90]), das sich allerdings nicht unmittelbar auf das Gespräch auswirkt. Es ist u. a. als Signal an den Zuschauer zu verstehen.

4 **Philosoph:** arrogant und eitel; er will die Diskussion auf Latein, der Sprache der Gelehrten, führen – ohne Rücksicht auf Federzoni, der ja „nur" ein Linsenschleifer ist; er bedauert, dass in der Umgangssprache seine Argumentation „an Glanz verlieren" wird (Z. 58 f.). **Galilei:** bezeichnet und wertet Federzoni als Kollegen und besteht darauf, dass dieser der Unterhaltung folgen kann.

Obwohl er sicher ist, im Recht zu sein, ist er nicht arrogant. Dazu passt auch, dass er sich „fast unterwürfig" gibt (Z. [106]), was natürlich in Anbetracht der Situation (s. Vorspann) taktisch klug ist.

5 Der Wissenschaftsbetrieb wird als fragwürdig, wenn nicht lächerlich dargestellt.

6 Durch die leicht karikierende Darstellung und durch den deutlichen Kommentar Andreas werden diese Figuren in bloßstellender Weise vorgeführt. Dies hat zugleich etwas Erklärendes und Belehrendes: Brecht belehrt über autoritätsgläubige Engstirnigkeit (letztlich nicht nur im Bereich der Wissenschaft) und erklärt damit, warum neue Ideen trotz ihrer empirischen Begründung scheitern können.

7 „Ich dachte mir, Sie schauen einfach durch das Fernrohr und überzeugen sich?" (Z. 30 f.); „Die Gründe? Wenn ein Blick auf die Gestirne selber und meine Notierungen das Phänomen zeigen?" (Z. 79 f.); „Meine Herren, der Glaube an die Autorität des Aristoteles ist eine Sache, Fakten, die mit Händen zu greifen sind, eine andere." (Z. 106 ff.); „Ich bin es gewohnt, die Herren aller Fakultäten ... Der Mann hatte kein Fernrohr!" (Z. 115 ff.); „Die Wahrheit ist das Kind der Zeit ... wenn wir endlich ein klein weniger dummer sein könnten." (Z. 122 ff.)
Brechts eigene Auffassung von der Rolle der Wissenschaft für die Gesellschaft kommt v. a. am Ende des Auszugs zum Tragen: Aufgabe der Wissenschaft ist es, Unwissenheit und Dummheit zu bekämpfen. Das macht sie v. a. durch den Aufweis unbezweifelbarer Tatsachen.

9 ***Hinweise*** *zum weiterführenden Schreibauftrag:* Galilei würde in einem Monolog im Anschluss an die Szene die Autoritätsgläubigkeit seiner Gesprächspartner und ihre Weigerung, empirische Fakten zu akzeptieren, beklagen oder auch sich darüber lustig machen. Der Philosoph würde seinen Unmut über den Angriff auf den „göttlichen" Aristoteles äußern.
Andrea würde sein Urteil über die Besucher v. a. mit ihrer arroganten und engstirnigen Weigerung begründen, den eigenen Augen zu trauen und durch das Fernrohr zu schauen.

6 Übungen: Lyrik

6.1 Barock

►S. 77 1 Das lyrische Ich erlebt den anbrechenden Tag. Das zunehmende Licht und das erwachende Leben rufen in ihm religiöse Empfindungen hervor. Es äußert den Wunsch, dass Gott („O dreimal höchste Macht", V. 7) auch seine Seele von Finsternis erlösen und am Ende des Lebens in das ewige Licht (den Himmel) holen möge.

2 *Das Gedicht erinnert* an ein Gebet: Gott wird als Schöpfer des Tages, der die Nacht vertreibt, unmittelbar angerufen („in deinem Dienst", V. 12) und von ihm wird am Ende des Lebens Erlösung (V. 13 f.) erwartet (christliche Erlösungshoffnung).

3 **Nacht:** „... den grauen Himmel" (V. 3); **I** „Schmerzen-Finsternis" (V. 10); **I** „die dicke Nacht, die meine Seel umgibt" (V. 9);
Tag: „... der Strahlen Pracht" (V. 6); „Morgenröte" (V. 2); **I:** „... reizt das Federvolk" (V. 4); „Das Leben dieser Welt eilt schon ..." (V. 5); **I** „Erquicke mein Gemüt und stärke mein Vertrauen!" (V. 11); „... meine Sonn, mein Licht, mög ewig schauen!" (V. 14).

4

helle Schar (V. 1)	Wie eine Ansammlung von Menschen mit Lampen leuchten die Sterne am Himmel.
die Morgenröte lacht (V. 2)	Wie ein Mensch einen anderen aufmunternd anlacht, so wendet sich die (personifizierte) Morgenröte an den grauen Nachthimmel.
die Welt zu küssen (V. 5)	Ebenso wie ein Geliebter eine Geliebte küsst, so begrüßen die Lebewesen den neuen Tag.
meine Sonn (V. 14)	Wie die Sonne die Erde erwärmt und lebendig werden lässt, so soll Gott das lyrische Ich zum ewigen Leben erwecken.
mein Licht (V. 14)	Wie ein Licht weist Gott dem lyrischen Ich den Weg.

►S. 78 5 In seinem „Morgensonett" stellt Andreas Gryphius die Jenseitshoffnung eines lyrischen Ichs dar; diese ergibt sich aus der Erfahrung eines neu anbrechenden Tages.

6 Sonettform; Quartette; Terzette; Alexandriner; Versfuß; Zäsur; antithetische Aussage –
In der ersten Strophe stellt der Autor die erwachende Natur am Beginn eines neuen Tages dar, in der zweiten Strophe wird diese Schilderung fortgeführt und schließlich mit dem Hinweis auf den himmlischen Schöpfer verbunden, vor dem das lyrische Ich sich in Verehrung niederbeugt. In der dritten und vierten Strophe folgen dann Anrufe Gottes, mit denen dieser darum gebeten wird, dem lyrischen Ich bei dem schmerzvollen Leben auf Erden beizustehen und die Seele am Ende des Lebens in den Himmel aufzunehmen.

7 Die Anlage des Gedichtes zeigt formal und inhaltlich einen gegenüberstellenden Aufbau: Zum einen ist die Bildebene antithetisch angelegt, dem Glanz der Sterne („ewig helle Schar", V. 1) wird z. B. gleich das verschließende Licht gegenübergestellt. Zum anderen wird über die Strophen hinweg das thematische Gegenkonzept formuliert, z. B. folgt der 2. Strophe („das Leben dieser Welt .../ erleuchte ...") in der 3. Strophe der Verweis auf die „dicke Nacht" (V. 9) mit der „Schmerzen-Finsternis"(V. 10).

►S. 79 8 ***Hinweis:*** Die Ausführungen sollten verdeutlichen, dass Gryphius als Dichter des Barocks das Naturereignis des Sonnenaufgangs zum Anlass nimmt, Gott um Erleuchtung für die Seele zu bitten. Ebenso wie die Sonne der Erde zu Beginn des neuen Tages Licht und Kraft gibt, so bittet das lyrische Ich Gott um Erleuchtung in den dunklen Stunden des Lebens und um die Gnade, am Lebensende dem ewigen Licht (Gott) nahe zu sein. Die Textbelege können Sie Ihren Lösungen für die Aufgaben 3 und 4 entnehmen.

9 ***Hinweis:*** Der Dialog kann z. B. die folgenden Aspekte ansprechen: Naturverbundenheit in einer agrarisch (landwirtschaftlich) geprägten Gesellschaft vs. Leben in einer technisierten Welt in der Gegenwart; Religiosität der Menschen im Barock vs. nachlassende religiöse Bindung in der Gegenwart; Vertrautheit mit der Sprache und den Gedankengängen eines Gebets im Barock vs. fehlender Zugang zu Sprache und Inhalten eines Gebets; Hoffnung auf Erlösung aus dem irdischen Jammertal im Barock vs. Selbstverwirklichung im aktuellen Lebensalltag ohne Nachdenken über die ferne Zukunft oder gar das Jenseits in der Gegenwart.

6.2 Klassik: Gedichte im Vergleich

Thematischer Gedichtvergleich:

Johann W. Goethe: Gefunden – Ulla Hahn: Bildlich gesprochen

►S. 81 1 **a** Parallelen: Liebesgedichte – lyrisches Ich spricht lyrisches Du an (explizit nur im 2. Gedicht) – Naturbilder spielen eine große Rolle; Unterschiede: Das Goethe-Gedicht schließt positiv, das von Hahn nicht.
b Das Thema der beiden Gedichte ist der Umgang eines/einer Liebenden mit der/dem Geliebten.

2 **a** Zentrale Begriffe: „Ging ... so für mich hin" (V. 1 f.) – „Blümchen" (V. 6) – „wollt' es brechen" (9) – „grub's ... aus" (V. 13 f.) – „pflanzt' es" (V. 17) – „blüht ... fort" (V. 20).
Die „Handlung" des Gedichtes: Das lyrische Ich geht absichtslos im Wald spazieren. Es findet eine Blume, die es zunächst brechen will, aber auf den Protest der Blume hin ausgräbt und in seinem Garten wieder einpflanzt, wo sie weiter gedeiht.
b Vers 10–12

3 *Metaphern* / Deutungen: *Wald* (V. 1) / Leben; (gesellschaftliche) Kreise, in denen man sich bewegt; *Blümchen* (V. 6) / junge Frau, Mädchen; *brechen* (V. 9) / sich mit Gewalt bemächtigen; *Welken* (V. 11) / zerstörtes Leben; *grub's ... aus* (V. 13 f.) / behutsam aus der angestammten Umwelt lösen; *Würzlein* (V. 14) / ohne es von seiner Herkunft zu trennen; *Garten* (V. 15) / geborgener, kultivierter Raum; *pflanzen* (V. 17) / neues Leben ermöglichen; Nahrung geben; *zweigt ... und blüht* (V. 19 f.) / Leben gedeiht weiter.

4 **a** Perspektive eines Mannes: Sterne und Augen (V. 7–8) sind traditionell weibliche Attribute.
b Rücksichtsvoller, behutsamer, fürsorglicher Umgang.

5 ... beschreibt das Gedicht den rücksichtsvollen und schließlich fürsorglichen Umgang eines Mannes, der sich eine (junge) Frau, die ihm gefällt, nicht mit Gewalt nimmt, um sie dann ihrem Schicksal („Welken") zu überlassen, sondern sie heiratet (*Haus und Garten* als Bild hierfür) und ihr damit weiteres Gedeihen ermöglicht.

►S. 82 6 Bildebene („Handlung"): Waldspaziergang; Metaphern: aus dem Bereich Natur in einem *einheitlichen* Kontext; Sinnebene (Bedeutungsebene): Umgang des lyrischen Ichs mit dem (begehrten/geliebten) lyrischen Du; Perspektive: Sicht des Mannes; Verhältnis des lyrischen Ichs zu dem Blümchen: liebevoll, fürsorglich.

7 Das sprachliche Mittel, mit dem Ulla Hahn den Eindruck der Mehrdeutigkeit erreicht, ist die Verwendung des Konjunktivs II (Irrealis).

8 **a** Bilder; gedachte Handlung: Baum/hohle Hand; wachsen – Meer/weiße Burgen aus Sand; bauen – Blume/Wurzeln; ausgraben – Feuer/Haus; in sanfte Asche legen – Nixe; hinabsaugen – Stern: vom Himmel abknallen.
b Anfänglich positive Bilder der Geborgenheit und des Schutzes wandeln sich in aggressive Bilder der Zerstörung.

9 **a** Das Wort „Nixe" (V. 9) weist auf ein weibliches lyrisches Ich hin.
b 1. Pers. Sg. ausschließlich im Nominativ (insgesamt neunmal; [V. 1, 3, 5, 7, 9, 11]). 2. Pers. Sg. dreimal im Nominativ (V. 3, 5, 11),

zweimal im Dativ (V. 2, 4) und dreimal im Akkusativ (V. 6, 10, 12). [Possessivpronomen 2. Pers. Sg. Akk. (V. 8).] Die handlungsbestimmenden Verben sind ausschließlich dem lyrischen Ich zugeordnet: Das lyrische Ich ist der aktive Teil.

c Die Beziehung verschlechtert sich deutlich. Dabei ist es der weibliche Teil, dessen Einstellung zunehmend kritisch bis feindselig und zuletzt aggressiv wird.

10

Bildebene („Handlung")	Waldspaziergang	*keine durchgehende Handlung*
Metaphern	■ aus dem Bereich Natur	■ aus dem Bereich Natur
	■ in einem *einheitlichen* Kontext	■ aus *unterschiedlichen* Kontexten
Sinnebene (Bedeutungsebene)	Umgang des lyrischen Ichs mit dem (begehrten/geliebten) lyrischen Du	
Perspektive	des Mannes	der Frau
Einstellung des lyrischen Ich zum lyrischen Du	liebevoll, fürsorglich	zunehmend feindselig, aggressiv

11 ***Hinweise:*** Sie können die beiden Gedichte nacheinander analysieren und anschließend vergleichen oder – was besser ist – von vornherein aspektorientiert miteinander vergleichen. Achten Sie in jedem Fall darauf, sprachlich deutlich zu machen, wo ein neuer Aspekt beginnt. Bei der zweiten Aufbauform müssen Sie ebenfalls immer wieder sprachlich deutlich machen, von welchem Gedicht Sie jeweils sprechen. Das Goethe-Zitat wird im Kontext der negativen Entwicklung in dem Gedicht von Ulla Hahn zweideutig, da es innerhalb dieser Entwicklung am Übergang von den positiven Bildern der ersten Strophe zu den negativen der 2. und 3. Strophe steht. Das „Ausgraben mit allen Wurzeln" ist zunächst von Goethe her positiv konnotiert, bekommt aber durch den Kontext bei Hahn den Beiklang von „ausreißen, mit Stumpf und Stiel entfernen" – obwohl das goethesche Verb hier noch beibehalten wird.

6.3 Von der Romantik zur Moderne

Thematischer Gedichtvergleich:

Joseph von Eichendorff: Mondnacht – Günter Kunert: Mondnacht

►S. 84 **1** **b** Grundstimmung bei **Eichendorff:** subjektiv; optimistisch; träumerisch; sehnsüchtig; hoffnungsvoll; Grundstimmung bei **Kunert:** objektiv; pessimistisch; analytisch; kritisch; fast schon menschenfeindlich.

Die **äußere Situation des lyrischen Ichs:** Bei **Eichendorff** löst die Betrachtung der Erde im Mondlicht eine Assoziation der Sehnsucht aus, die als Bild zwar irreal und lediglich vorgestellt bleibt (Konjunktiv II), aber gleichzeitig höchst eindringlich und glaubhaft wirkt. Die Bewegung (von oben nach unten) erfasst das Subjekt, das sich kraft seiner Imagination im Aufschwung der Seele dem Himmel annähert, der ihr Zuhause ist. Bei **Kunert:** Eisige Kälte; Beziehungs- und Ausweglosigkeit; Stimmung der Einsamkeit und des Untergangs. Der ursprüngliche Zustand der Harmonie ist zerstört („fremdes Gelebtsein" V. 4; „Geborstenes Geröll" V. 10; „wo Leben unmöglich ist" V. 18); Attribute der Auslöschung des Lebendigen – „Schweigen darunter"); die Menschen befinden sich nicht in Harmonie mit sich selbst, sind entfremdet, bis in die Bewegungen („taumelnd", V. 13). Der Mond ist „fern" und spiegelt in seiner abweisenden, lebensfeindlichen Kälte die Unmöglichkeit des Lebens wider.

2 Bei Eichendorff ist der Mensch Teil kosmischen Glücks (romantische Idee: naturverbundene „Seele"). Kunerts Gedicht kann als modernes „Gleichnis" für Beziehungslosigkeit, Zerstörung und grundsätzliches existenzielles Scheitern des Menschen, vielleicht der Menschheit gelesen werden (im biografischen Verfahren zu deuten als Lebensgefühl der Kriegs- und Nachkriegsjahre). Thematisch hat dieser Gedichtvergleich extreme Gegensätze zum Gegenstand.

►S. 85 **3** **Eichendorff:** 3 Strophen, 3 Hebungen, Kreuzreim, Jambus (Verschränkung Welt – Individuum); Rolle der Zahl drei (Himmel – Erde – Mensch / lyrisches Ich); Funktion: klare, gleichmäßige Gestalt → Harmonie, Gleichklang; **Kunert:** reimlos; ohne metrische Bindung; wechselnde Strophenlänge → in Verse umgebrochenes prosanahes Sprechen; Verse unterschiedlicher Länge betonen Sinnabschnitte; Funktion: Eindruck des Fließens, des Vorübergleitens ohne Höhepunkte wird unterstützt durch weit gehendes Fehlen der Interpunktion

4 **a** **Substantive:** *Eichendorff:* Himmel, Erde, Blütenschimmer, Luft, Felder, Ähren, Wälder, Nacht, Seele, Flügel, Lande, Haus; *Kunert:* Klotz, Mond, Nächte, Märchen, Gelebtsein, Menschen, Wölfe, Schnee, Schweigen, Geröll, Schatten, Last, Herkunft, Leben, Gleichnisse, Erbarmen; **Verben:** *Eichendorff:* war, hätt geküsst, träumen müsst, ging, wogten, rauschten, spannte, flog, flöge usw.; *Kunert:* erinnert, heulten, gelandet, taumelnd bewegen, sind hingelangt, ist. **Adjektive**: *Eichendorff:* still, sacht, leis, sternklar, weit, stillen; *Kunert:* leblose, eisiger, bittere, fremdes, blassen, geborstenes, leicht, unmöglich.

b Hinweis: Der Vergleich der **Wortverwendung** unterstützt den Eindruck der Disharmonie und der Trostlosigkeit, Lebensfeindlichkeit und Kälte bei Kunert. Ebenso die **Zeitausrichtung:** Bei Eichendorff dient die Erinnerung einer Vergegenwärtigung; ein Vergangenes wird ins Bewusstsein geholt und dadurch erlebbar. Bei Kunert ist die (technisch erlebte) Gegenwart eine Erinnerung an die lebensfeindliche Urwelt, der Mond nicht Symbol und Spiegel der Harmonie, sondern einer abweisenden Materie, die den Menschen in seiner unangepassten Überheblichkeit/Schuldhaftigkeit einem (künftigen) Untergang ausliefert. Nur insofern ist er gleichnishaft – die Erde ist unbewohnbar wie der Mond. Kein „Ich", sondern ein „Wir", das den Einzelnen nur in seiner Gattung sieht. Die Semantik des Leblosen bestimmt den kurzen Text; Entfremdung, Isolation, Ausweglosigkeit, aber auch Misstrauen gegenüber den Verheißungen der Technik und Naturwissenschaft sind seine beherrschenden Eindrücke. Insofern bleibt der Eindruck der Erlösungsbedürftigkeit, aber ohne Erlösungshoffnung. Der Mensch schleppt die Last seiner Herkunft mit sich. Die Mondlandung ist eine Fluchtbewegung, die nur ablenkt von der absoluten Kälte und Beziehungslosigkeit menschlichen Daseins (V. 17 f.) – eine Metapher modernen, nihilistischen Bewusstseins. Der Mond ist folgerichtig weder Glaubenssymbol noch Hoffnungsträger, sondern tote, lebensfeindliche Materie („Klotz", V 1).

5 **Romantik:** Natur und Subjekt sind aufeinander angewiesen, Teil eines gemeinsamen Kosmos; v. a. die Seele ist Ausdruck einer Korrespondenz des Gefühls der Sehnsucht und Harmonie. Die Identität des Menschen mit sich selbst ist zwar nicht fraglos vorhanden (Irrealis), aber (z. B. durch Poesie) herstellbar. Dem romantischen Menschen erscheint Harmonie wenigstens in der Sehnsucht zulässig und möglich; Welt und Mensch sind nicht unheilbar entzweit, wenn auch die Natur wie eine Ersatzreligion wirkt.
Moderne: Das Gedicht Kunerts verdeutlicht in allen Punkten das der romantischen Idee entgegenlaufende Programm der Moderne, die sich ohne zuverlässige Bindungen und Normen auf sich selbst gestellt und wie ausgesetzt sieht. Kunert formuliert dabei den negativen Aspekt. Das Versprechen der Selbstbefreiung, Aufklärung und des Fortschritts durch Technik (Weltraumfahrt) trägt die entwurzelte Gattung Mensch bei ihm nicht in eine hoffnungsvolle Zukunft.

7 ***Hinweis:*** Bei **C. J. v. Leypold** steht der Mond im Zentrum; die Betrachter sind (aufeinander bezogen) ihm zugewandt. Die Erde (mit den grundsätzlich bedrohlichen Attributen einer wirren Gesteins- und Baumkulisse) ist in sein warmes Licht getaucht. Es entsteht der Eindruck einer kosmischen Harmonie, die uns mit dem Eindruck der wirren Natur aussöhnt. **R. Magritte** montiert einen Gesteinsbrocken bedrohlich groß und wie im Fall auf die Erde, die im nächsten Augenblick zerquetscht werden könnte. Diese Bedrohung entsteht nur durch die Montage – die reale Welt wirkt ohne den Felsbrocken friedlich. Aber diese Harmonie ist nur scheinbar – die Dämmerungssituation (Mondsichel/Helligkeitswerte), die Größenverhältnisse und die Ausschnitthaftigkeit zeigen, dass die wahrgenommene und die wirkliche Realität nicht dasselbe sind, dass der nächste Augenblick den schönen Schein zerstören und Tod und Verderben (die kosmische Katastrophe) bringen kann. Dieser doppelbödige Blick auf die Wirklichkeit verrät den modernen „Realitätssinn", dem das Harmoniebewusstsein fehlt, der von der Brüchigkeit der Lebensverhältnisse weiß und skeptisch, wenn nicht pessimistisch in die Zukunft schaut.

►S. 86 1 b ***Hinweis:*** Markiert werden sollten insbesondere der erste und der letzte Vers des Gedichts.

►S. 87 2 **a + b**

3	Linde	In der Romantik wäre es z. B. eine Dorflinde, hier aber ist es eine Linde auf der „Bastei" (auf einer Festung/ einer militärischen Anlage)
5	Da drunten fließt der blaue	Erwarten könnte man: „der blaue Rhein"; stattdessen: „Stadtgraben"
11	Gärten	Hier kombiniert mit „Ochsen"
15	Mühlrad	Gesumm

3 In seinem Gedicht greift Heine romantische Topoi auf, lässt das Lebensgefühl der Romantik aber hinter sich. Zwar ruft Heine den romantischen Topos eines „in stiller Ruh" (V. 6) dahinfließenden blauen Stromes, z. B. des Rheins oder der Donau, wach. In der Romantik wird ein solcher Strom oft mit Gefühlen der Sehnsucht verbunden; man will in die Ferne aufbrechen. Bei Heine verwandelt sich das Gewässer nun allerdings in einen banalen Stadtgraben, auf dem ein pfeifender Junge angelt. Ähnliches passiert mit dem romantischen Topos der Linde. Unter ihr spielen sich in romantischen Texten oft das idyllische Leben der Dorfgemeinschaft oder Liebesszenen ab. Bei Heine jedoch steht die Linde auf einer militärischen Anlage, sodass die romantischen Assoziationen erneut der Ernüchterung weichen müssen.

4 **Fazit:** Gleich zu Beginn des Gedichtes prallen die melancholische Stimmung des lyrischen Ichs („Mein Herz, mein Herz ist traurig", V. 1) und die scheinbar intakte romantische Stimmung der Umgebung („Doch lustig leuchtet der Mai", V. 2) aufeinander. Mit einer Reihe von Naturschilderungen lässt das lyrische Ich dann erkennen, dass die umgebende Landschaft bei ihm zwar Erinnerungen an romantische Stimmungen wachruft, dass es diese jedoch gleichzeitig bricht und ironisch verfremdet.

5 ***Hinweis:*** Sie können z. B. die biografische Notiz zu Heine auf S. 86 nutzen, um auszudrücken, dass der Sprecher dieses Gedichts angesichts der allgegenwärtigen militärischen Kontrolle (Bastei; Schilderhäuschen; Soldat, der seine Flinte präsentiert und schultert) die Landschaft nicht mehr als eine romantische wahrnehmen kann.

► S. 88 **1**

Nebel (V. 1)	hat die Welt so weich zerstört	undurchsichtig, Auflösungserscheinungen
Bäume (V. 2)	Blutlose	Verlust der Lebenskraft
Fliegen (V. 5)	Gefangne	Ausweglosigkeit, Todeserwartung
Mond (V. 8)	der giftge	Lebensgefahr
Spinne (V. 8)	die fette Nebelspinne	viele Opfer bereits aufgefressen
Augen (V. 11)	die weißen Elendsaugen	Augen ohne Pupillen, Blindheit
Nacht (V. 12)	aufgeschwollne	Undurchsichtigkeit

► S. 89 **2** **Alliteration:** die Welt so weich ; Blutlose Bäume; Schatten schweben / Schreie; Brennende Biester; hin wie Hauch; zum Tode taugen; stechen stumm; **Metapher:** weich; zerstört; Blutlose; stechen; aufgeschwollne; **Vergleich:** wie Spieße; wie Hauch; **Symbol:** Nebel; Nacht; **Neologismus:** Nebelspinne; Elendsaugen; **Oxymoron:** wüste Pracht, giftge Mond.

3

Orientierungsverlust	„Ein Nebel hat die Welt so weich zerstört" (V. 1) „Und stechen stumm die weißen Elendsaugen" (V. 11)	gehetzt wirkendes Pathos	„Wir aber, die, verrucht, zum Tode taugen" (V. 9)
Selbstentfremdung des Menschen	„Und Schatten schweben, wo man Schreie hört" (V. 3)	groteske Verzerrung	„stechen stumm die weißen Elendsaugen wie Spieße in die aufgeschwollne Nacht" (V. 11 f.)
Endzeitstimmung	„Wir aber, die, verrucht, zum Tode taugen" (V. 9) „Blutlose Bäume lösen sich in Rauch" (V. 2) „Und jede flackert, dass sie noch entrinne" (V. 6)	Kombination scheinbar unvereinbarer Bilder	„wüste Pracht" (V. 10) „Der giftge Mond" (Z. 8)

4 ***Hinweis:*** Bei der Lösung können Sie die folgenden Stichworte verwenden: Orientierungslosigkeit: Darstellung einer Naturszenerie, die undurchschaubar ist (Beispiele s. Tabelle zu Aufgabe 3); Intensivierung durch Alliteration, Metapher, Vergleich, Neologismus, Oxymoron. Endzeitstimmung: Darstellung von Naturgegenständen (Bäume, Fliegen), die das Leben verlieren (Beispiele s. Tabelle zu Aufgabe 3)

6.4 Lyrik nach 1945

► S. 90 **1** Das lyrische Ich erinnert sich an einen belastenden Moment in seinem Leben, als das Auge einer Taube es anblickte, während sein Messer ihrem Leben ein Ende setzte.

2 **Mathematik:** „trigonometrischer Punkt" (V. 3, 14); „Abmessung" (V. 15); **Natur:** „Kraniche" (V. 1); „Vogelzüge" (V. 1, 16); „des hügeligen Gegenufers" (V. 5); „Auge" (V. 7); „Taubenauge" (V. 9); „Halsader" (V. 10); „Schilf" (V. 13); „Wind" (V. 17); „Kranichflügeln" (V. 19).

► S. 91 **3** Die Verteilung der Wortarten unterstreicht die Grunderfahrung des lyrischen Ichs: Das tendenzielle Fehlen der Verben in vielen syntaktischen Konstruktionen verweist auf den Verlust des Lebendigen (Tod der Taube). Zugleich empfindet das lyrische Ich eine ausweglos erscheinende Einsamkeit und Verzweiflung, die durch das Übergewicht von Substantiven und Adjektiven (Bezeichnung von Feststehendem, Statischem) unterstrichen wird.

4 Die „Abmessung im Nichts", die das lyrische Ich kurz nach dem Ende des Zweiten Weltkriegs in der Landschaft vornimmt, spiegelt seine innere Leere und Orientierungslosigkeit wider.

5 ***Hinweis:*** Das Erlebnis des Taubenauges im Moment des Todes, von dem sich das lyrische Ich vorwurfsvoll angeblickt fühlt, ist später der trigonometrische Punkt, von dem aus das lyrische Ich seine Welt betrachtet und nur noch als ein „Nichts" wahrnimmt. Dieser trigonometrische Punkt, „das Taubenauge mit sanftem Vorwurf", passt sehr gut in die Zeit, denn diese Sichtweise reflektiert die Situation der Schriftsteller unmittelbar nach den Jahren der Nazi-Verbrechen.

6 ***Hinweis:*** Sterbend habe ich dich als Täter angeblickt / Du wirst dich zeitlebens an mich erinnern / Du wirst Vogelflüge nicht mehr unbelastet wahrnehmen können / Mein Tod durch deine Hand ist der Punkt, von dem aus du dein zukünftiges Leben gestalten musst.

► S. 93 **1** **a** Es könnte sich um einen wechselseitigen Atomschlag der Weltmächte USA und (der ehemaligen) UdSSR in der Zeit des Kalten Krieges handeln, der die Menschheit vermutlich ausgelöscht hätte.

2

Handlungsverb im Präsens	——	lebt	Auffällig wenige Handlungsverben im Aktiv → Das Leben wird verschwunden sein, sodass keiner mehr handeln kann.
Handlungsverb im Futur	——	werden kalben zu früh	Die Natur wird in Zukunft nicht mehr lebensfähig sein. Es wird keine Zukunft mehr geben.
Partizip Perfekt	ausgewertet befingert	erwürgt umzingelt	Auffällig viele Partizipien des Perfekts → Alle Bereiche der Natur sind als Objekte passiv der Macht der Vernichtungswaffen ausgesetzt gewesen. Die Vernichtung des Lebendigen ist endgültig, abgeschlossen (Partizip Perfekt).
Passivformen	sind vergessen	——	Zustandspassiv → Die Vernichtung ist definitiv, auf Dauer gestellt.

3 **Lokalitäten:** Weltmeere („dem siebenfältigen meer", V. 5) mit Atom-U-Booten als schwimmenden Abschussrampen; Florida / USA („floridas sümpfe", V. 16) und Sibirien / UdSSR („das sibirische eis", V. 17) als Angriffsziele und Territorien mit Abschussrampen. **Sachverhalte:** „auf radarschirmen leuchtend", V. 13 (Hinweise auf anfliegende feindliche Raketen auf Radarschirmen); „auf meldetischen", V. 15 (einlaufende Informationen über einen feindlichen Angriff); „von antennen tödlich befingert", V. 15 (Technik zum Empfang der letzten Warnhinweise); „warnketten", V. 19 (Radarsysteme zur Überwachung des Feindes); „vom letzten manöver", V. 20 (letzte strategische Entscheidung im Atomkrieg); „unter schwebenden feuerglocken", Z. 21 (Atompilze nach der Explosion von Bomben); „im ticken des ernstfalls", V. 22 (automatische Startmechanismen von Atomraketen).

4 Die Menschen stehen sich hochgerüstet einander gegenüber und bedrohen einander mit totaler Vernichtung. Sie nehmen in Kauf, dass ihre natürliche Umwelt mit allen Lebewesen des Planeten dabei mit vernichtet wird.

6.5 Lyrik des ausgehenden 20. Jahrhunderts

►S. 94 **1** Dargestellt wird eine Umgebung, in der die erfahrbare Welt immer mehr zusammenschrumpft, sodass das lyrische Ich sich gezwungen sieht, sich in sich selbst zurückzuziehen; zentrale Textstellen: „Daß die Welt wahrhaftig sehr klein/Und zusammengeschrumpft vorliegt", V. 3 f.; „die Kunst in sich selbst / Verloren zu gehn", V. 16 f.

2 Das Fehlen der Satzzeichen signalisiert eine formale Entsprechung zum Verschwimmen von Gegenständen im Regen und Nebel.

►S. 95 **3** **a** „Welt wahrhaftig" (V. 3); „denen die" (V. 9); „Tropfen wie Tränen" (V. 9); „ordentliches Oben" (V. 12); „sich selbst" (V. 16).
b Die Alliterationen betonen den Wiederholungscharakter und die scheinbare Endlosigkeit des Regens und des Eingesperrtseins, mit der das lyrische Ich konfrontiert ist.

4 ***Hinweis:*** In der Deutung können z. B. die folgenden gedanklichen Zusammenhänge hergestellt werden: Versinken der Welt in Nebel und Regen; Schrumpfen des Wahrnehmungshorizonts auf das eigene Ich; anscheinende Endlosigkeit des Eingesperrtseins und der immer wiederkehrenden gleichen Erfahrung – ausgedrückt durch Alliterationen –; Fehlen der Zeichensetzung (nicht mehr erkennbare syntaktische Abgrenzungen)

6 ***Hinweis*** – *mögliche Reflexionen:* Reizüberflutung in der heutigen Welt, d. h. Unfähigkeit, mit reizlosen Situationen umzugehen; kommunikatives Überangebot in der Mediengesellschaft, d. h. Schwierigkeit, sich über längere Zeit mit sich selbst zu beschäftigen; häufige Mobilität in der heutigen Gesellschaft, d. h. mangelnde Erfahrung damit, über längere Zeit mit einem sehr begrenzten Ort auszukommen.

3 **a** Markieren Sie im Gedicht Alliterationen (▶ S. 74).
b Formulieren Sie eine These, mit der Sie die Funktion dieses Gestaltungsmittels erklären.

Zusammenführende Deutung

4 Entwickeln Sie einen Deutungsansatz, indem Sie den Inhalt des Gedichts und formale Besonderheiten (Zeichensetzung, Alliterationen) gedanklich aufeinander beziehen.

Analyse

5 Analysieren Sie das Gedicht von Sarah Kirsch unter besonderem Bezug auf dessen Überschrift.

6 **Weiterführende Schreibaufträge**

- „... die Kunst in sich selbst/ Verloren zu gehen". Schreiben Sie zu dieser Formulierung der Autorin eine Reflexion, in der deutlich wird, wieso es eine Kunst ist, mit Situationen wie der im Gedicht geschilderten umzugehen.
- Schreiben Sie eine Rezension des Gedichtes für die Schülerzeitung und beziehen Sie dabei die nachfolgenden Auszüge aus einem Interview, das Michael Hamneter am 16. 4. 2004 mit Sarah Kirsch führte. Gesendet wurde es im MDR-Kulturmagazin „Figaro".

Sarah Kirsch (2002)

Was bereitet Ihnen schlaflose Nächte?
Der Wahnsinn der Menschheit, der Politiker. Aber ich weiß, dass diese Dinge zum Menschen gehören. Dieser Wahnsinn, aber auch so etwas wie Mozart. Der eine ist der Preis für das andere. So ist das, wenn man mit Vernunft begabt ist, da kann man sich entweder umbringen oder muss versuchen, mit diesen beiden Polen irgendwie zu leben oder zu überleben.

Was möchten Sie in Ihrem Leben gern noch einmal tun?
Na, ich könnte sagen, in Ruhe vertrotteln, aber noch schön lange da am Rand der Welt, wo ich jetzt wohne, weiterleben und was in Bücher schreiben, zeichnen und dabei sein, aber doch so entfernt, dass der Tag ellenlang ist und man nicht viele Verpflichtungen hat. Da kann man auch schön schreiben.

Autoren- und Quellenverzeichnis

Borchert, Wolfgang (1921–1947): *Nachts schlafen die Ratten doch,* S. 20 f. Aus: Erzählungen der Gegenwart IV. Hg. von Fritz Bachmann. Hirschgraben-Verlag, 7. Aufl., Frankfurt/M. 1986, S. 36–39; **Brecht, Bertolt** (1898–1956): *Wenn Herr K. einen Menschen liebte,* S. 4. Aus: Prosa II. Suhrkamp Verlag, Frankfurt/M. 1965, S. 117; Leben des Galilei, S. 70 f. Aus: Leben des Galilei. Text und Kommentar. Suhrkamp, Frankfurt/M. 1998, S. 46 ff. **Büchner, Georg** (1813–1837): *Woyzeck,* S. 66 f. Aus: Kritische Lese- und Arbeitsausgabe. Hg. von Lothar Bornscheuer. Reclam, Stuttgart 1977, S. 61–63; **Dische, Irene** (*1952): *Fährnisse der Schönheit oder Wie man die Unfall-Therapie anwendet,* S. 24 f. Aus: Die ZEIT, 22.07.2004; **Eich, Günter** (1907–1972): *Der Große Lübbe-See,* S. 90. Aus: lyrische signaturen. zeichen und zeiten im deutschen gedicht. Hg. von Walter Urbanek. C. C. Buchner, Bamberg 1993, S. 411. Ders.: *Warum ich schreibe,* S. 91. Aus: Theorie der Lyrik. Hg. von Ludwig Völker. Reclam UB, Stuttgart 1986, S. 83 f. **Eichendorff, Joseph von** (1788–1857): *Aus dem Leben eines Taugenichts (Ausz. Kap. 2),* S. 36. Aus: Joseph von Eichendorff. Werke in einem Band. Hg. von Wolfdietrich Rasch. Hanser, München/Wien 1977, S. 759 f.; *Mondnacht,* S. 83. Aus: Echtermeyer/von Wiese. Deutsche Gedichte. Hg. von E. K. Päffgen. 18. Auflage. Cornelsen, Berlin 1990, S. 379; **Enzensberger, Hans Magnus** (*1929): *das ende der eulen,* S. 92. Aus: Gedichte. Die Entstehung eines Gedichts. Suhrkamp, Frankfurt/M. 1962, S. 29; **Fontane, Theodor** (1819–1898): *Effi Briest (Kap. 15),* S. 32 f. Aus: Effi Briest. Hg. von W. Keitel und H. Nürnberger. Carl Hanser Verlag, München 1974, S. 121–123; *Irrungen, Wirrungen,* S. 35. Aus: Irrungen, Wirrungen. Goldmann, München 1987, S. 33 f.; **Frisch, Max** (1911–1991): *Homo faber,* S. 40, 42, 43, 54, 55. Aus: Homo faber. Suhrkamp, Frankfurt/M. 1957, S. 42, 18, 21, 1, 43; **Goethe, Johann Wolfgang** (1749–1832): *Am 16. Julius,* S. 28. Aus: Die Leiden des jungen Werthers. Abdruck der Fassung 1787 nach der Hamburger Ausgabe. Hg. von Erich Trunz. Beck, München 1981; *Am 21. Junius,* S. 31. Aus: Die Leiden des jungen Werthers. A. a. O.; *Am 3. November,* S. 31. Aus: Die Leiden des jungen Werthers. A. a. O.; *Faust. Der Tragödie erster Teil,* S. 62 f. Aus: Goethes Werke. Hamburger Ausgabe in 14 Bänden. Hg. von Erich Trunz. 12. Auflage. C.H. Beck'sche Verlagsbuchhandlung, München 1982, S. 87 f.; *Faust. Der Tragödie erster Teil,* S. 64. Aus: Goethes Werke. A. a. O., S. 22; *Gefunden,* S. 80. Aus: Das große deutsche Gedichtbuch. Hg. von Karl Otto Conrady. Wissenschaftliche Buchgesellschaft, Darmstadt 1997, S. 161; **Gryphius, Andreas** (1616–1664): Morgensonett, S. 76. Aus: Gedichtbuch. Hg. von Karl Pörnbacher. Cornelsen, Berlin 1986, S. 30 f.; **Hahn, Ulla** (*1946): *Bildlich gesprochen,* S. 80. Aus: Herz über Kopf. Gedichte. Deutsche Verlags-Anstalt, Stuttgart 2002, S. 48; **Heine, Heinrich** (1797–1856): *Mein Herz, mein Herz ist traurig,* S. 86. Aus: Heines Werke in fünf Bänden, Bd. 1: Gedichte. Aufbau-Verlag, Berlin und Weimar 1972, S. 57 f.; **Hesse, Hermann** (1877–1962): Auszug aus: Der Steppenwolf, Suhrkamp, Frankfurt/M., Lösungsheft S. 11 f. **Kafka, Franz** (1883–1924): *Eine kaiserliche Botschaft,* S. 7. Aus: Erzählungen. Gesammelte Werke. Fischer, Frankfurt/M. 1996, S. 128 f.; Brief an den Vater, S. 11. Aus: *Brief an den Vater.* Reclam, Stuttgart 1995, S. 7; *Vor dem Gesetz,* S. 13. Aus: Erzählungen. Gesammelte Werke. Fischer, Frankfurt/M. 1996, S. 120–122; **Kirsch, Sarah** (*1935): *Gasthaus,* S. 94. Aus: Wenn das Eis geht. Temperamente und Positionen. Ein Lesebuch zeitgenössischer Lyrik. Hg. von Helmut Lamprecht. Verlag Atelier im Bauernhaus, Fischerhude 1983, S. 228; **Kunert, Günter** (*1929): *Rennfahrer,* S. 16. Aus: Tagträume in Berlin und andernorts. Hanser, München 1972, S. 37 f.; *Mondnacht,* S. 83. Aus: Stilleben. Hanser, München/Wien 1983, S. 23; **Lessing, Gotthold Ephraim** (1729–1781): *Emilia Galotti,* S. 57 f. Aus: Emilia Galotti. Ein Trauerspiel in fünf Aufzügen. Reclam, Stuttgart 1980, S.11–17; **Lichtenstein, Alfred** (1889–1914): *Nebel,* S. 88. Aus: Menschheitsdämmerung. Ein Dokument des Expressionismus. Hg. von Kurt Pinthus. Rowohlt, Hamburg 1959 (ursprüngl. Berlin 1929), S. 59; **Schlink, Bernhard** (*1944): *Der Vorleser (Kap. 1),* S. 44. Aus: Der Vorleser. Diogenes, Zürich 1997, S. 79; **Strauß, Botho** (*1944): *Wann merkt ein Mann,* S. 13. Aus: Wohnen Dämmern Lügen. Hanser, München 1994, S. 7 f.

Unbekannte/ungenannte Autorinnen und Autoren:

Der Körper als Sinnstifter, S. 27. Aus: Kinder – Körper – Identitäten. Theoretische und empirische Annäherungen an kulturelle Praxis und sozialen Wandel. Hg. von Heinz Hengst und Helga Kelle. Juventa Verlag, Weinheim und München 2003, S. 17 f. *Romantik - literaturgeschichtliche Einordnung,* S. 39. Aus: Romantik. Ein Hypertext-Informationssystem. Hg. von Rainer Baasner und Georg Reichard. Reclam 2000, CD-ROM

Bildquellenverzeichnis

S. 7: © **Archiv** Klaus Wagenbach, Berlin; **S. 44, 57, 62, 70, 76, 80, 84, 86, 92, 95:** picture-alliance/dpa, Frankfurt/M.; **S. 21:** Ullstein Bild/R. Clausen, Berlin; **S. 26:** Ullstein Bild/Friedrich, Berlin; **S. 28, 36, 66, 75, 80 u., 84 o.,88:** picture-alliance/akg-images, Frankfurt/M.; **S. 32:** picture-alliance/Berlin Picture Gate; **S. 39, 90:** Ullstein Bild, Berlin; **S. 40:** picture-alliance/akg-images/Binder; **S. 49–52:** © Tom Tykwer; **S. 54–55:** © Volker Schlöndorf; **S. 66 u.:** © Jürgen Rose, München; **S. 83 o.:** Wallraf-Richartz-Museum / Fondation Corboud Köln und © Rheinisches Bildarchiv Köln; **S. 83 u.:** René Magritte, © VG Bild Kunst 2005

Redaktion: lüra – Klemt & Mues GbR, Wuppertal
Illustrationen: Amelie Glienke, Berlin
Umschlaggestaltung: Knut Waisznor
Layout und technische Umsetzung: Astrid Güldemann, Grafik & Typografie, Berlin

Weitere Arbeitshefte dieser Reihe:

Texte überarbeiten: Von der Rechtschreibung zum sicheren Ausdruck (ISBN 978-3-464-60008-5)
Umgang mit Sachtexten: Analyse und Erörterung (ISBN 978-3-464-60188-4)
Die Facharbeit: Von der Planung zur Präsentation (ISBN 978-3-464-60177-8)
Präsentationsprüfung (ISBN 978-3-464-60211-9)
Abiturvorbereitung Deutsch (ISBN 978-3-464-60087-0)

www.cornelsen.de

2. Auflage, 3. Druck 2010/06

Druck: Himmer AG, Augsburg

ISBN 978-3-464-60009-2

Inhalt gedruckt auf säurefreiem Papier aus nachhaltiger Forstwirtschaft.